La confiance en soi

Publié pour la première fois aux États-Unis en 1999 sous le titre *The Complete Idiot's Guide to Enhancing Self-Esteem*

Cette édition est publiée en accord avec Alpha Books, une division de Penguin Grup (États-Unis) Inc.
Traduction et adaptation de l'anglais (États-Unis) : Dominique Piolet-Françoise

La confiance en soi

Mark J. Warner

MARABOUT

Cher lecteur,

L'estime de soi, se respecter, oser se regarder dans le miroir et accepter l'image de la personne que l'on voit... Vous en rêvez ! Mais comment relever ce défi ?

En passant par l'introspection – c'est-à-dire en identifiant la personne qui est en vous, en reconnaissant et en acceptant le fait que vous êtes unique, en veillant à ce que vos paroles soient en accord avec vos actes et vos croyances –, par la prise de risque qui doit mener au changement, par le courage d'exprimer vos émotions et vos sentiments, par l'entraide, par le contrôle de votre vie et par la maîtrise des événements qui viennent la bouleverser, par la prise de décision, par la communication avec les personnes que vous côtoyez au quotidien et enfin par le travail en équipe.

Ce livre doit non seulement être votre guide sur le chemin qui conduit au respect de soi et des autres, et, par-delà, à la reconnaissance et à l'estime de soi, mais également un catalyseur.

- **Ne le lisez pas d'une traite :** concentrez-vous sur un point, interrogez-vous, laissez travailler votre subconscient et fiez-vous à votre intuition.
- **Ayez un esprit critique :** ne prenez pas ce qui est écrit pour argent comptant. Réfléchissez, pesez le pour et le contre, remettez les choses dans le contexte de votre vie personnelle, faites vos choix.
- **Passez à l'action :** la théorie, c'est bien, mais, à un moment, il faut passer à la pratique. Agissez sans attendre.
- **Engagez-vous :** lorsque vous aurez terminé ce livre, ne le rangez pas dans votre bibliothèque pour passer à autre chose. Faites de lui votre compagnon de route permanent. Qu'il soit votre livre de référence. Relisez les chapitres qui vous interpellent, interrogez-vous, prenez des mesures et agissez.

Identifiez vos points forts et vos faiblesses. Utilisez-les, débarrassez-vous du regard négatif que vous portez sur vous-même. Vous seul(e) avez le pouvoir de transformer votre vie pour enfin oser vous regarder dans le miroir et aimer l'image qu'il vous renvoie.

Bonne lecture !

Mark J. Warner

Sommaire « express »

Sommaire

Introduction

Comment utiliser ce livre

À travers cet ouvrage, je vous propose d'effectuer à mes côtés un voyage un peu particulier, mon objectif n'étant pas de vous guider vers un lieu spécifique mais de vous faire découvrir ce qui se cache derrière la notion d'estime de soi.

Ce concept est sorti de l'ombre grâce à Abraham Maslow (1908-1970), considéré comme le père de la psychologie humaniste et à qui l'on doit notamment la hiérarchisation des besoins de l'homme à laquelle quasiment tous les documents ayant trait à l'humanité font référence. Pour le psychologue, l'estime de soi, qui correspond au besoin de se respecter soi-même, est le dernier niveau de la pyramide avant l'accomplissement personnel.

L'articulation de cet ouvrage est simple et incite le lecteur à se poser des questions qu'il n'a peut-être jamais eu l'envie ou le courage d'aborder. Chacune des huit parties porte sur un thème précis ayant toujours un rapport avec le respect de soi et le respect des autres, deux valeurs sur lesquelles reposent l'estime de soi et la possibilité de se créer une vie meilleure.

Les thèmes abordés sont :

- l'intégrité ou l'essence de soi ;
- la prise de risque ou comment devenir un adepte du changement ;
- l'aptitude à exprimer ses émotions ;
- l'aide à porter aux autres ;
- la nécessité de faire la part des choses ;
- la prise de décision ;
- la communication ;
- le travail d'équipe.

La première particularité de ce livre est la vision holistique de la vie qu'il propose. Ce que nous vivons au quotidien a des conséquences sur tous les aspects de notre vie qui, à leur tour, ont une influence sur notre quotidien – exemple même de ce qu'est la réciprocité. C'est pourquoi le défi que nous devons relever est de trouver un équilibre entre les forces qui, tout au long de notre existence, s'opposent les unes aux autres.

La seconde particularité vient du fait que ce livre s'interroge avec humour et simplicité sur un sujet complexe : vous. Au fil des pages, vous trouverez les outils qui vous aideront à évoluer – ce qui implique nécessairement de changer.

Depuis des années, je collectionne les anecdotes, les citations, les réflexions que je note sur des Post-it®, des cartes de visite ou n'importe quel morceau de papier qui me tombe sous la main – avec l'intention de partager ces trésors avec vous, lecteur. Pour rédiger ce livre, je me suis inspiré de nombreuses sources : livres, mentors, parents, amis, professeurs et expériences vécues. J'adresse toutes mes excuses aux auteurs à l'origine de ces pensées et de ces idées retranscrites pour ne pouvoir tous les citer. Mais comme vous le découvrirez, chacun s'enrichit des expériences pleines de sagesse des uns et des autres.

Bonne route à vous !

Encadrés

Pour nourrir votre réflexion, vous trouverez au fil des pages des encadrés à thème :

Une dose d'inspiration

Des histoires, des anecdotes, des poèmes et des extraits de textes.

Paroles d'un sage

Des réflexions pour stimuler vos synapses.

Citation

Des petites phrases pour illustrer ce qu'est l'estime de soi.

Passer à l'action

Il est temps d'agir – maintenant !

À garder en mémoire

À se répéter jour après jour.

Remerciements

Cet ouvrage n'aurait pu voir le jour sans les efforts conjugués de nombre d'intervenants. Merci à toutes celles et à tous ceux sans lesquels ce livre n'aurait jamais pu être publié.

Merci à :

Jennie, mon épouse, qui m'a toujours soutenu et encouragé.

Trent Price, mon agent littéraire, pour sa persévérance et son savoir-faire.

Sarah Matthes et Randy Mitchell, qui ont relu gracieusement mon manuscrit et m'ont fait part de leurs commentaires avisés. Sans eux, ce livre ne serait pas ce qu'il est.

Toute l'équipe éditoriale : John Jones pour ses précieux conseils, son soutien et son expérience ; Suzanne Snyder pour son sens aigu du détail ; Gail Burlakoff pour son professionnalisme ; Nancy Miklhail pour avoir cru en moi dès le premier jour. Et merci à toutes celles et à tous ceux qui ont été l'un des maillons de cette grande chaîne.

Merci aux auteurs d'ouvrages sur l'estime de soi pour m'avoir permis de me servir de leurs travaux : Ken Sheldon, Mark L. Usry, Jack H. Presbury.

Partie 1 L'intégrité : l'essence de soi

Il est facile de se laisser emprisonner dans une image correspondant à la façon dont on se considère et dont les autres nous voient de l'extérieur. L'objectif de cette première partie est de vous pousser à percer cette enveloppe externe pour révéler la personne qui est en vous. Ce faisant, vous découvrirez que vous êtes unique - les étiquettes que votre entourage et vous-même collez sur votre personnalité ne font pas honneur à la personne que vous êtes en réalité. Il y a également de grandes chances pour que vous constatiez un écart considérable entre l'idée que vous vous faites de vos actes et de vos pensées et ce qu'ils sont vraiment. Retrouver votre intégrité signifie trouver un accord entre ce que vous promettez et ce que vous donnez réellement.

Chapitre 1

Quelle est cette personne dans le miroir ?

Dans ce chapitre

- → Qui se cache derrière votre reflet ?
- → Avez-vous affaire à des illusions ou à la réalité ?
- → Une petite phrase qui en dit long
- → Tenez-vous des propos positifs ou négatifs à votre égard ? Pourquoi ?

« Miroir, mon beau miroir, dis-moi qui est la plus belle. » Si cette phrase prononcée par la belle-mère de Blanche-Neige ravive nombre de souvenirs datant de vos jeunes années, elle pose également une question intéressante.

Les histoires de personnes s'adressant à un miroir ne manquent pas, telle celle d'un homme des cavernes qui, observant les eaux calmes d'un cours d'eau, découvre un visage qui le fixe. Effrayé, il fait un bond en arrière, puis, poussé par la curiosité, il s'allonge sur le sol, s'approche en rampant du bord de la rivière et regarde à nouveau. Le visage est toujours là. L'homme sourit, le visage sourit. L'homme fronce les sourcils, le visage fronce les sourcils. L'homme fait une grimace, le visage fait une grimace. Perplexe, l'homme se gratte la tête et se demande : « Qui est cet homme ? Est-ce moi ? Dans ce cas, j'ai vraiment besoin d'aller chez le coiffeur ! » Le premier miroir venait d'être trouvé !

Ne dupez pas la personne dans le miroir

Vous souvenez-vous de l'histoire de Narcisse ? Dans la mythologie grecque, Narcisse est un jeune homme d'une grande beauté qui tombe amoureux de son reflet dans l'eau. Mais à chaque fois qu'il essaie de toucher, d'embrasser ou d'étreindre l'image de cet être dont il est éperdument épris, il échoue. Peu à peu, il sombre dans le désespoir qui le conduira à la mort. Narcisse s'est focalisé sur une image extérieure et non sur ce qu'il est véritablement, et cette erreur lui a coûté la vie.

Pour vous aussi il est facile de tromper la personne du miroir si vous vous arrêtez à votre simple reflet, c'est-à-dire à l'image que tout un chacun voit de vous. Pour accéder à la vérité, vous ne devez pas vous contenter de ce que vous voyez en surface, vous devez aller au-delà. Ne vous limitez pas aux taches de rousseur, aux lignes du visage, aux cheveux, mais pénétrez au plus profond de cet être qui est devant vous. Qui est réellement cette personne dont vous voyez le reflet ?

Paroles d'un sage

Être qui vous êtes réellement est la chose la plus facile mais aussi la plus difficile que vous ayez à faire.

Nous tentons parfois de dissimuler ce qui est à l'intérieur de nous en mettant en valeur notre aspect physique grâce à des artifices, convaincus que si nous nous concentrons sur ce qui se voit, nous n'aurons pas à être confronté à l'essence même de qui nous sommes. Erreur !

Vous ne pouvez vous cacher à vous-même qui vous êtes réellement. En outre, ce n'est probablement pas ce que vous désirez. Prendre en compte les différents aspects de soi permet de voir enfin ce tout qui fait que l'individu est ce qu'il est.

Fumées et miroirs

Les grands illusionnistes font sortir des lapins d'un chapeau ; ils transpercent le corps de leur partenaire avec des épées sans que coule la moindre goutte de sang, et ils font même disparaître des éléphants. Qui ne s'est pas laissé piéger par ce jeu de fumées et de miroirs que certains nomment magie ? Le but des tours de magie que vous voyez sur une scène, devant vous ou sur l'écran de votre téléviseur, est de vous divertir. Or, lorsque vous vous servez de fumées et de miroirs pour vous définir, il n'est plus question d'amusement, et les conséquences sont souvent fâcheuses. Il arrive que votre subconscient fabrique des images qui ne correspondent pas à votre être véritable, qui masquent les incohérences et vous permettent de vous dissimuler sous le couvert de l'autoprotection. Mais ce n'est généralement

Citation

« Apprendre à se connaître est le premier des soins. »

Jean de La Fontaine, *Fables*.

ni plus ni moins qu'une manière de capituler, de vous empêcher de vous confronter à l'essence même de votre propre humanité. Alors que la capitulation vous empêche de grandir, le fait de ressentir et d'être favorise l'épanouissement personnel. Lorsque vous aurez retiré une à une toutes les couches qui vous aveuglent, vous découvrirez un trésor authentique : vous.

Les fumées et les miroirs qui vous masquent la réalité font partie d'un processus qui peut être conscient autant qu'inconscient. Dans le premier cas, vous seul(e) êtes abusé(e).

Votre vie est une tapisserie composée de fils qui correspondent à vos faiblesses et à vos forces. Tous les aspects de votre personnalité – y compris vos défauts – sont pris en compte. Si vous vous y reconnaissez et tirez des leçons de ces différents aspects, vous créez un sens de soi authentique.

Le reflet est-il fidèle à la réalité ?

Regardez-vous rapidement dans un miroir. L'image qui vous est renvoyée est la copie conforme de qui vous êtes. Attendez quelques instants et regardez-vous à nouveau en imaginant que vous tenez un pinceau dans votre main droite. La personne dans le miroir tient un pinceau dans sa main gauche. Conclusion : l'image renvoyée par le miroir ne correspond pas à la réalité.

Or, lorsque vous vous regardez dans un miroir, vous ne vous dites jamais « l'image que je vois ne correspond pas à la réalité » ! Vous acceptez cet état de fait. Intellectuellement, vous savez que l'image ne correspond pas à la réalité, mais vous l'acceptez et vous passez outre cette inexactitude.

Procédez-vous toujours ainsi dans la vie ? Il y a fort à parier que vous acceptiez – de manière inconsciente – des choses qui ne sont pas vraies. Notre esprit conscient et notre esprit inconscient passent leur temps à nous jouer des tours. Dans ce cas, comment faire le tri dans ces illusions et avoir une perception vraie et réaliste de qui nous sommes réellement ?

Ci-après est proposée une courte liste de questions ouvertes qui demandent réflexion. Prenez un peu de recul avant d'y répondre, et posez sur vous un regard objectif et nouveau. Essayez de vous débarrasser de l'emprise que votre être subjectif a sur vous afin de vous entraîner à porter un regard extérieur sur votre propre personne.

1. Quelles sont les principales choses que j'ai réussies dans ma vie ?

....

....

2. À quel moment me suis-je vraiment senti(e) bien avec moi-même ?

....

....

3. Quel est le compliment que j'ai préféré ?

....

....

4. Quels sont mes plus grands atouts ?

....

....

Envisagez ensuite l'avenir. (Souvenez-vous : votre avenir sera tel que vous voulez qu'il soit.)

1. Je veux que les personnes disent de moi que je suis :

....

....

2. Ce que je veux vraiment accomplir dans ma vie, c'est :

....

....

3. Je peux avoir une influence sur la vie d'autrui en faisant :

....

....

4. Je traiterai différemment la personne que je vois dans le miroir et je m'affirmerai en disant :

....

....

Le défi est de répondre à chacune de ces questions avec le plus de sincérité possible et de ne pas laisser les fumées et les miroirs troubler ou déformer vos pensées et vos sentiments. Relevez-le !

Suis-je qui je suis ?

La meilleure façon de le savoir est de continuer à vous poser certaines questions. Si elles sont *a priori* faciles, les réponses peuvent être complexes.

- Est-ce que je tiens mes promesses ?
- Est-ce que mon comportement est en accord avec mes croyances ?
- Est-ce que je fais toujours ce que je dis ?
- Suis-je vraiment la personne que je prétends être ?

> **Citation**
>
> « Les miroirs sont des glaces qui ne fondent pas ; ce qui fond, c'est qui s'y mire. »
>
> Paul Morand, *Ouvert la nuit.*

Une petite phrase qui en dit long

James Kouzes et Barry Posner, deux experts dans le domaine du *leadership*, ont résumé en une phrase ce qu'ils entendent par intégrité : « Toujours faire ce que nous disons. »

Ces quelques mots sont riches de sens. Mais vous y reconnaissez-vous ? Autrement dit, faites-vous toujours ce que vous dites ? La réponse est-elle aussi simple que la question ? Quoi qu'il en soit, vous êtes la seule personne au monde qui puisse y répondre.

Connaître sa propre valeur

Avez-vous déjà participé à des activités visant à mettre en évidence certaines de vos qualités ? Votre réaction spontanée a pu être parfois : « Il est hors de question que je fasse ça ! » Mais lorsque vous avez été pris(e) dans le feu de l'action, votre comportement a changé et vous vous êtes surpris(e) à penser : « Ouah ! Je ne savais pas que je pouvais faire ceci ou cela. »

> **Citation**
>
> « Le futur appartient à ceux qui croient à la beauté de leurs rêves. »
>
> Eleanor Roosevelt.

Plus vous en savez sur vous, plus vous pouvez mesurer votre intégrité et faire en sorte qu'elle augmente. Alors apprenez à vous connaître !

Dans un premier temps, posez-vous les questions suivantes :

1. Qui suis-je ?

....

....

2. En quoi est-ce que je crois ?

....

....

3. Qu'est-ce qui est important pour moi ?

....

....

4. Quel est mon but dans la vie ?

....

....

Nous ne nous posons généralement pas ce genre de questions tant que nous ne sommes pas confrontés à une situation qui nous oblige à y répondre rapidement. Cet ouvrage vous permet d'agir avant de vous trouver dans une situation critique. Commencez à clarifier les choses tant que vous n'êtes pas dans l'urgence – vous avez tout à y gagner.

Face aux miroirs déformants

Êtes-vous déjà allé(e) dans la galerie de miroirs déformants d'une fête foraine ? Dans un premier miroir, vous ressemblez à une grande asperge, dans un deuxième, à une énorme citrouille, et dans un troisième, à un cure-pipe. Ah ! la magie des miroirs déformants...

À garder en mémoire

Se regarder tel qu'on est.

Sans en avoir conscience, vous avez peut-être toujours dans votre poche un petit miroir déformant que vous sortez lorsque vous vous demandez qui vous êtes. Ne vous êtes-vous jamais entendu dire ce genre de choses :

- « C'est un petit mensonge qui ne fera de tort à personne. »

Une dose d'inspiration

Vous est-il déjà arrivé de prendre un ascenseur et de ressentir un certain malaise alors que les portes se refermaient et que vous vous retrouviez emprisonné(e) dans un espace réduit avec des inconnus ? Vous souvenez-vous de ce silence pesant à l'intérieur de la cabine ? Des yeux fixés sur vous ou sur le sol ? Nous nous sommes tous trouvés, un jour ou l'autre, dans cette situation. J'ai la solution pour que les choses changent. Nous devrions exiger des fabricants qu'ils fixent des miroirs déformants sur les portes des ascenseurs. Dès qu'elles seraient fermées, tout le monde éclaterait de rire. Fini la tension et le silence pesant !

- « Je vais téléphoner au travail pour dire que je suis malade. Il fait trop beau pour passer la journée enfermé(e) dans un bureau. »
- « Personne ne s'apercevra qu'il manque 5 euros. »
- « J'ai dit à mon client que j'irais le voir aujourd'hui mais je n'en ai aucune envie. J'irai éventuellement demain. »

Il peut arriver qu'on ait recours à l'une ou l'autre de ces stratégies pour gérer des situations à court terme. Or le défi que vous devez relever est de prendre des décisions qui vous engagent sur le long terme. L'intégrité n'a rien à voir avec le temps. Vous êtes intègre ou vous ne l'êtes pas, c'est tout.

Aimer la personne dans le miroir

Ayez une liaison amoureuse… avec vous-même ! Attention, je ne parle pas d'une adulation de soi totalement égocentrique, mais plutôt d'une tendresse pour soi avec l'acceptation de sa propre personnalité - c'est-à-dire ses qualités mais aussi ses défauts.

Je reconnais qu'il est plus facile de s'aimer certains jours que d'autres, c'est pourquoi je vous demande de relever le défi suivant : que ces jours soient de plus en plus nombreux. Vous vous demandez probablement : « Comment y parvenir ? » Bonne question. Je vous propose de faire ce qu'on nous dit toujours de ne pas faire, à savoir répondre à une question par d'autres questions.

1. Quels sont les deux principaux points positifs dans mon métier ou mes études ?

2. Quels sont les deux principaux points positifs dans ma vie privée ?

3. Quels sont les deux principaux aspects positifs ayant trait à ma forme physique et à ma santé ?

4. Quels sont les deux principaux aspects positifs de ma vie spirituelle ?

Si vous ne parvenez pas à répondre à ces questions et que vous ressentez une grande frustration, je vous propose d'aller un peu plus loin dans votre réflexion. Il y a une réponse à toute question. Ne dissimulez pas les points positifs et ne mettez pas en avant les points négatifs. C'est vous qui décidez ce sur quoi vous devez vous focaliser, alors pourquoi ne pas opter pour les bons aspects de votre personnalité ?

Si vous vous êtes déjà posé ces questions et qu'elles sont restées sans réponse, ne baissez pas les bras. Reprenez-les une à une et réfléchissez.

Les messages véhiculés par le miroir

Combien de fois vous regardez-vous dans un miroir au cours d'une journée ? Tout le monde se regarde au moins une fois par jour, mais certaines personnes s'arrêtent une cinquantaine de fois devant une glace pour s'examiner. Qu'en est-il de vous ?

Une dose d'inspiration

La manière dont nous nous comportons à l'égard du monde qui nous entoure dépend de qui nous sommes.
Si nous sommes égoïste, nous nous méfions des autres. Si nous sommes généreux par nature, nous avons tendance à accorder facilement notre confiance. Si nous sommes relativement honnête avec nous-même, nous ne craignons pas sans cesse d'être trompé par les autres. Si nous sommes généralement juste, nous n'avons pas en permanence la sensation d'avoir été abusé. En quelque sorte, regarder les gens autour de soi revient à se regarder dans un miroir. Ce que vous voyez en eux, c'est en fait le reflet de vous-même.

Se regarder dans un miroir revient à envoyer un message. Vous vous parlez alors à vous-même. Je suis d'ailleurs sûr qu'il vous arrive de vous adresser de petites phrases telles que :

- « Tu as bonne mine aujourd'hui. »
- « Tu as vraiment mauvaise mine aujourd'hui. »
- « Tu es bouffi(e) aujourd'hui. »

- « Tu paraîs svelte aujourd'hui. »
- « Tu as plus de cheveux gris aujourd'hui. »
- « Tu as moins de cheveux gris qu'hier. »

Passer à l'action

La prochaine fois que vous vous regarderez dans un miroir, dites trois choses positives vous concernant. À faire au moins une fois par jour !

En règle générale, les réactions ont plutôt tendance à être négatives. Faites un petit effort afin qu'elles soient plus positives. On sait depuis longtemps que les pensées finissent par avoir des conséquences sur les sentiments et sur les actes. Or vous avez le contrôle de vos pensées et de vos actes. C'est donc à vous de faire en sorte que ces pensées et ces actes soient non pas contre vous mais en votre faveur.

Lorsque vous vous regardez dans un miroir, pensez aux dons que vous possédez et aux talents qui sont les vôtres. Vous pouvez faire en sorte que les choses soient différentes dans ce monde ; c'est à vous de prendre la situation en main. Créez votre propre vie !

Révélations et introspection : deux facteurs pour grandir

Ce sont l'introspection et les révélations qui nous font grandir en nous permettant de développer notre intégrité. Laissez-moi partager avec vous l'une des révélations qui m'a fait grandir.

Je dois l'avouer, je perds mes cheveux. Même si cet état de fait est loin de me réjouir, je me sens mieux maintenant que j'en ai découvert la cause. J'ai en effet eu une révélation qui m'a aidé à faire la part des choses.

Un matin, alors que je prenais ma douche, j'ai lu l'étiquette collée sur la bouteille de shampooing :

Des cheveux fins mais *plus de volume.*

Je me suis dit : « Mes cheveux sont suffisamment fins et je ne veux pas plus de volume » (il suffit de regarder mon tour de taille pour l'affirmer !).

Ce que je veux, c'est un shampooing qui promette :

Plus de cheveux et *moins de volume.*

Voilà ce que je veux. Si quelqu'un réussit à fabriquer un tel produit, qu'il me prévienne !

Lorsque vous réfléchissez à ce qui fait que vous êtes celui ou celle que vous êtes, vous vous apercevez que l'important ce n'est ni votre chevelure, ni votre tour de hanches, ni votre taille. Ce qui compte, c'est votre cœur, votre esprit et votre âme. Autrement dit, ce qui se trouve à l'intérieur de vous. Tout ce qui permet de montrer que vous êtes un être unique. C'est le bien le plus précieux - et vous le possédez déjà.

Paroles d'un sage

Se comprendre soi-même, se voir soi-même, se sentir soi-même, s'appartenir à soi-même... c'est être soi-même.

Ce que vous devez retenir

- → Vous êtes la personne la plus honnête qui soit.
- → Vivez afin d'aimer l'image que reflète votre miroir.
- → Débarrassez-vous des miroirs déformants (hormis s'ils vous font rire !).
- → Prenez conscience de vos attributs positifs et appréciez-les à leur juste valeur.

Chapitre 2

Soyez unique

Dans ce chapitre

- → Comment laisser une vraie empreinte
- → Comment se transformer soi-même en se réinventant
- → Comment se débarrasser des étiquettes
- → Comment attraper la fièvre du sourire

Un style pour s'habiller, un style pour parler, un style pour se coiffer, un style pour jouer, un style pour travailler, un style pour aménager et décorer son intérieur, un style inspiré de ses voisins... mais qu'en est-il de *votre* style ? Un style personnalisé, singulier, unique. Votre style *à vous*.

Avez-vous déjà eu l'impression de vous sentir obligé(e) d'être en conformité avec vos amis, avec les annonces publicitaires ou avec une discussion lors d'une soirée ? Oui ? Rassurez-vous, nous sommes tous dans ce cas. Mais aujourd'hui est un jour particulier. Aujourd'hui, vous pouvez relever le défi d'être vous-même – être unique. Il se peut que cela nécessite quelques efforts, mais vous apprécierez ce que vous allez découvrir. Partez à la recherche de vous-même, de votre être authentique, celui que les autres méritent et auront alors le privilège de voir.

Ces empreintes qui font que vous êtes unique

Nous laissons derrière nous divers types d'empreintes que l'on peut classer en trois catégories.

- **Les empreintes digitales** sont la signature de votre être. Vous les laissez sur les verres de vos lunettes, sur les meubles, dans votre voiture et sur tous les objets que vous touchez à main nue. Ces petits sillons formés par la peau au bout de vos doigts sont en quelque sorte la carte de votre individualité.
- **Les empreintes des pieds** indiquent où vous êtes allé(e), la direction que vous avez suivie, et elles révèlent si vous portiez ou non des chaussures. Mais elles peuvent être éphémères ou imperceptibles. En effet, sur le sable, les empreintes sont effacées par les vagues, et sur les trottoirs bitumés ou sur les rochers, elles ne sont pas visibles.
- **Les empreintes vocales** converties en impulsions électriques sont enregistrées sur des bandes magnétiques mais elles ne sont pas aussi fiables que nous pourrions le croire. Votre bébé reconnaît votre voix, votre meilleur ami également. Mais que se passe-t-il lorsque vous avez un rhume ? Votre voix change et est déguisée. Bien qu'elles soient uniques, les empreintes vocales sont beaucoup plus difficilement identifiables que les empreintes des doigts et des pieds.

Une dose d'inspiration

Des empreintes dans le sable

« Une nuit, un homme a fait un rêve.
Il a rêvé qu'il marchait sur une plage
à côté de Dieu.
Dans le ciel, des scènes de sa vie
apparaissaient.
L'homme s'est aperçu qu'à chaque
nouvelle scène deux empreintes
apparaissaient ; son empreinte
à lui et l'empreinte de Dieu.
Lors de la dernière scène, il s'est retourné
et a regardé toutes les empreintes
imprimées dans le sable.
C'est alors qu'il a constaté que,
pour certaines scènes, il n'y avait
que ses empreintes à lui.
Il a remarqué que cela correspondait
aux moments les plus tristes et les plus
difficiles qu'il avait vécus.
Fort préoccupé, il interrogea Dieu.
"Dieu, vous m'aviez dit que si je prenais
la décision de vous suivre, vous
marcheriez toujours à mes côtés.
Or je note que lors des périodes
les plus critiques n'apparaissent que
mes empreintes.
Je ne comprends pas pourquoi,
lorsque j'ai le plus besoin de vous,
vous m'abandonnez."
Et Dieu de lui répondre : "Mon cher, cher
enfant. Je t'aime et je ne t'abandonnerai
jamais.
S'il n'y a qu'une seule empreinte
lorsque tu traversais des périodes
difficiles et que tu souffrais, c'est parce
que je te portais." »

Anonyme.

Toutes ces empreintes sont susceptibles d'être de temps à autre occultées, effacées ou souillées, à la différence d'une autre forme d'empreinte qui, elle, restera toujours intacte : l'empreinte du cœur.

L'empreinte du cœur

Réunir les empreintes des doigts, des pieds et de la voix est le rêve de tout policier. En effet, grâce à ces trois types d'empreintes, un policier sera persuadé de pouvoir identifier n'importe quel suspect. Pourtant il y a un « mais ». Ces empreintes, qui sont la manifestation physique de votre être, sont insignifiantes en comparaison de la plus importante qui soit : l'empreinte du cœur.

Citation

« Chacun de nous sera un jour jugé en fonction de ses propres standards d'existence et non de ses standards de vie ; en fonction de ce qu'il a donné et non d'après sa fortune ; en fonction de sa simple bonté et non de sa grandeur apparente. »

William Arthur Ward.

L'empreinte du cœur est ce qui reste lorsque vous touchez à la vie d'autrui. À la différence des empreintes des doigts, des pieds ou de la voix, il n'y a ni sillons, ni semelles, ni marques laissées par les orteils, ni impulsion électrique. Ce qui est visible, c'est l'influence que vous avez sur la vie d'un tiers : le sourire de la personne que vous saluez, les larmes dues à une émotion partagée ou la chaleur d'une accolade pour avoir su écouter et soulager une détresse.

Citation

« Si nous voulons réaliser une culture plus riche, forte de valeurs contrastées, nous devons prendre en compte toute la gamme des potentialités humaines afin de tisser un tissu social moins arbitraire dans lequel chaque don humain aura sa place. »

Margaret Mead.

Les empreintes des doigts, des pieds et de la voix sont des éléments éphémères de la vie, contrairement à l'empreinte du cœur qui laisse des traces indélébiles et qui aura une incidence sur la vie d'une personne pour les années à venir.

La seule manière de laisser une empreinte du cœur authentique est d'être vous-même, de vous montrer à l'autre tel(le) que vous êtes. Laissez tomber votre masque, ne jouez pas la comédie et soyez de bonne foi.

En vous comportant ainsi, vous constaterez avec ravissement que plus vous opterez pour ce comportement, plus vous deviendrez unique. Vous vous sentirez de mieux en mieux et comblé(e) sur le plan personnel. Le premier pas est parfois difficile, mais vos efforts seront rapidement récompensés.

Pourquoi vous êtes unique

Prenez le temps de réfléchir à ce qui fait que vous êtes unique. La découverte de soi passe par l'auto-investigation et l'introspection. À vous de jouer !

1. Comment me décriraient mes amis si on le leur demandait ?

....

....

2. Qu'est-ce qui me différencie des personnes que je connais ?

....

....

3. Qu'est-ce que je fais (ou que je peux faire) pour faire sourire quelqu'un ?

....

....

4. Qu'est-ce que je veux absolument faire avant de mourir ?

....

....

Découvrez qui vous êtes

Comment savoir qui nous sommes ? Comment découvrir les richesses qui sont en nous ? Je vous l'accorde, ce n'est pas une tâche facile. Cela demande du temps et de la patience, et implique que l'on veuille grandir. La découverte de soi ne survient pas par hasard. C'est le résultat d'une recherche intentionnelle. Lorsque vous partez à la découverte de vous-même, vous apprenez beaucoup plus de choses que lorsque vous attendez passivement que la vie vous donne des leçons.

Citation

« Croire tout découvert
est une erreur profonde ;
C'est prendre l'horizon pour
les bornes du monde. »

A. Lemierre,
Utilité des découvertes.

Réfléchissez aux différentes expériences auxquelles vous avez été confronté(e). Toutes ne sont pas riches d'enseignements, et seules celles qui savent capter votre attention sont instructives. Vous pouvez profiter de toutes ces expériences simplement en vous engageant à tirer des leçons de chacune d'elles.

À garder en mémoire

Être soi et seulement soi.

L'une des manières d'accéder à la découverte de soi est d'imiter les comportements que nous observons chez les autres. Il vous arrive probablement de vous dire en voyant quelqu'un faire quelque chose : « J'aime bien ce qu'il vient de faire. Je vais essayer d'agir de la même façon et voir si ça marche. » Par exemple, à chaque fois que j'entends un orateur qui marque un point grâce à une technique comportementale, j'essaie de la mémoriser et de l'appliquer.

Citation

La raison pour laquelle je préfère l'obscurité, c'est que dans le noir on doit se définir soi-même. À la lumière du jour, ce sont les autres qui nous définissent.

Fynn.

Si vous vous sentez à l'aise avec un comportement donné, adoptez-le. Il se peut également que vous vous aperceviez qu'un comportement ne vous convient pas. Peu à peu, pièce après pièce, le puzzle prend forme. Il est normal et compréhensible que nous cherchions tous à imiter les autres à condition de ne pas chercher à *devenir* ce qu'ils sont. Devenez vous et rien que vous.

Le pouvoir néfaste des étiquettes

Regardez autour de vous : il y a des étiquettes partout. Vous voyez cet homme dans la rue avec l'étiquette cousue à l'extérieur de sa chemise pour que tout le monde la remarque ? Et l'étiquette collée sur la bouteille que vous avez entre les mains et qui vous vante les bienfaits de la boisson qu'elle contient ? Une étiquette ici, une étiquette là... La société dans laquelle nous vivons ne fait qu'encourager cette abondance d'étiquettes.

Coller des étiquettes sur les choses n'est pas un problème. C'est « coller des étiquettes » sur les personnes qui fait peur. Les étiquettes sont les ennemies de ce qui fait que chaque individu est unique. Par ailleurs, lorsqu'une personne colle une étiquette sur une autre, les connotations associées à cette étiquette sont souvent négatives. Ainsi, dire d'une personne qu'elle a tout d'une baleine ne fait généralement pas référence à l'aisance avec laquelle ce cétacé se meut dans l'eau ni à sa très grande intelligence ! Je n'évoquerai pas toutes les blagues sur des catégories de personnes – les Belges, les blondes – qui circulent lors des soirées, dans les couloirs des entreprises et sur Internet. Chaque semaine, une nouvelle cible est trouvée. Même lorsque vous collez une étiquette « positive » sur quelqu'un, n'oubliez pas que cela est restrictif dans la mesure où l'étiquette n'a de valeur que pour vous et la personne concernée. Sachez que le fait de coller une étiquette sur quelqu'un est restrictif pour les deux parties : celle qui colle l'étiquette et celle sur laquelle l'étiquette est collée. Alors n'entrez pas dans la première catégorie !

Le continuum étiquette-compréhension

Imaginons le continuum ci-dessous. À l'extrême gauche se trouve le mot « étiquette », à l'extrême droite le mot « compréhension ».

étiquette <--------------------> compréhension

Plus vous savez de choses sur une personne, plus vous vous rapprochez du point de compréhension et moins l'étiquette que vous lui aviez attribuée dans un premier temps lui convient. Ne vous êtes-vous jamais entendu dire : « L'idée que je me faisais de vous n'a rien à voir avec ce que je pense aujourd'hui » ? Je suis prêt à parier que cette première impression s'accompagnait d'une étiquette !

Paroles d'un sage

Collez une étiquette sur les choses et non sur les personnes.

Si vous voulez relever le défi d'essayer de comprendre les autres, cessez de leur coller des étiquettes et vous verrez que le caractère unique de chaque personne s'imposera peu à peu.

Débarrassez-vous des étiquettes qui vous collent à la peau

Passons maintenant à la partie la plus ardue. Avez-vous déjà collé une étiquette sur votre propre personne ? Vous êtes-vous déjà traité(e) d'idiot(e), d'imbécile, de débile ? Il est parfois plus facile de ne pas coller d'étiquettes sur les autres que sur soi-même (notamment quand il s'agit de s'adresser des remontrances !).

Passer à l'action

La prochaine fois que vous vous surprendrez à coller une étiquette négative sur votre propre personne, remplacez-la par un qualificatif positif.

Lorsque vous collez une étiquette sur votre propre personne, vous vous rendez un très mauvais service puisqu'on a tendance à devenir ce que l'on prétend être. Ne vous piégez donc pas vous-même !

Quelles sont les étiquettes que vous avez l'habitude de coller sur votre propre personne (en référence à votre aspect physique, à votre personnalité, à votre intelligence, etc.) ?

....

....

Tout cela n'est pas fabuleux, n'est-ce pas ?

Identifiez quatre étiquettes que vous voudriez éliminer ou voir disparaître de votre vocabulaire.

1.

2.

3.

4.

Les étiquettes rendent malheureux et favorisent l'insatisfaction. Le devoir de chacun est de s'assurer une vie agréable, ce qui dépend en partie de la manière dont nous saluons le monde (nous reviendrons sur ce point dans la partie 2).

Les bienfaits d'un sourire

Lorsqu'elle était en fauteuil roulant, on aurait dit une reine sur son trône. Les personnes qui la croisaient étaient instantanément attirées par son sourire radieux. Des années plus tard, alors qu'elle ne pouvait plus quitter son lit, ses visiteurs étaient tout aussi émerveillés par son sourire. Le souvenir que tous ont gardé de cette dame tétraplégique, c'est son sourire qui réchauffait la chambre et les cœurs de celles et ceux qui s'y trouvaient. Cette dame au merveilleux sourire était ma mère.

Citation

« Le sourire est la perfection du rire [...]. Comme la défiance appelle la défiance, le sourire appelle le sourire ; il rassure l'autre sur soi et toutes choses autour. »

Alain, *Éléments de philosophie.*

Les sourires ont un pouvoir incroyable. Ils franchissent les frontières, se moquent des cultures, des différences d'âge ou de sexe. Sourire ne s'apprend pas. Sourire est instinctif. Un sourire crée un lien entre vous et un inconnu, réconforte un enfant malade, donne une note d'intimité et réchauffe les âmes. Le sourire est un cadeau tombé du ciel, un cadeau que l'on donne sans rien attendre en retour.

Alors, si les sourires sont naturels et instinctifs, pourquoi en parler ? Parce que, malheureusement, certaines circonstances peuvent faire qu'ils ne parviennent pas à franchir vos lèvres et que le message que vous voudriez faire passer n'est pas délivré. Même si, à l'intérieur de votre tête, un message ordonne à votre cerveau de faire remonter les coins de votre bouche, il est sans cesse interrompu par d'autres voix qui ne parlent que de soucis et de préoccupations.

Pourquoi sourire

Vous pouvez construire votre vie de façon que le message dans votre tête ait gain de cause, mais sachez que la partie n'est pas gagnée d'avance. Qu'est-ce qui vous fait le plus volontiers sourire ? Voir un enfant ? Créer quelque chose ? Vous sentir en paix ? Nettoyer le sol de votre maison ? Regarder un film ? Être vous-même ?

Citez trois situations qui vous font sourire :

1. ....

....

2. ....

....

3. ....

....

Identifier ce qui vous fait sourire constitue une première étape pour comprendre ce qui vous fait du bien. Lorsque vous saurez ce qui vous réconforte et que vous voudrez sourire, vous saurez quoi faire - soit en passant à la pratique soit en y pensant, tout simplement. Vous êtes la personne la plus à même de mener ce projet à bien.

À qui sourire

À qui profitent les sourires ? Lorsqu'on l'explique avec un sourire, un exercice de mathématiques devient intéressant. Les sourires font boule de neige. Pensez à ce que vous pouvez générer en souriant... Si vous êtes seul(e), vous vous sentez instantanément mieux. Si vous êtes avec quelqu'un, votre interlocuteur et vous vous sentez plus à l'aise. Si vous parlez à plusieurs individus, tout le groupe est détendu. Comme par magie, les sourires se multiplient.

Passer à l'action

La prochaine fois que vous ne serez pas en forme, mettez en place une situation susceptible de vous faire sourire, même si vous n'en avez pas vraiment envie. Vos efforts seront récompensés.

Citation

« La vie est un miroir. Si vous lui faites les gros yeux, elle vous fait les gros yeux. Si vous lui souriez, elle vous sourit. »

Proverbe chinois.

Si vous souriez, les personnes autour de vous souriront, et il suffira qu'elles regardent d'autres personnes pour que celles-ci sourient à leur tour.

Si votre enthousiasme dépend de vous, vos sourires aussi. Il existe une relation symbiotique entre l'enthousiasme et les sourires - l'un engendre les autres.

Le test du sourire

Maintenant, à vous de juger ! Commencez tout d'abord par faire un petit test. Sur une feuille de papier, tracez quatre colonnes que vous intitulerez : « Temps », « Situation », « Réaction de l'autre » et « Mes sentiments ».

Puis faites cinq lignes et numérotez-les. Au cours de la journée, choisissez cinq situations pour lesquelles vous décidez de sourire. Notez les résultats et faites le bilan à la fin de la journée.

Citation

« Le sourire sur votre visage est la lumière à la fenêtre qui dit au visiteur que vous êtes à la maison. »

Anonyme.

Test du sourire

Temps	Situation	Réaction de l'autre	Mes sentiments
1.			
2.			
3.			
4.			
5.			

Au final, avez-vous obtenu les résultats que vous escomptiez ? Les sourires ont-ils eu les effets désirés ? Quelle répercussion ont-ils eue sur les autres ? Votre entourage a-t-il réagi positivement ? Vous le constaterez facilement : les sourires sont magiques – et c'est vous qui en êtes l'initiateur(-trice).

Ce que vous devez retenir

→ Votre caractère unique est le cadeau que vous faites au monde.

→ Imitez les autres pour vous découvrir vous-même et non pour devenir des clones.

→ Cessez de coller des étiquettes sur les individus, y compris (et surtout !) sur votre propre personne.

→ Souriez afin que votre beauté intérieure irradie.

Chapitre

3

Intégrité : paroles, actes et croyances

Dans ce chapitre

- → L'intégrité à l'intersection des faits et des discours : regarder avant de traverser
- → Les trois éléments sur lesquels repose l'intégrité
- → Des promesses, encore des promesses
- → Faire que les rêves deviennent réalité

Imaginons le scénario suivant : un matin, vous ouvrez le journal et vous commencez à lire les gros titres. Vous vous dites : « Qu'est-ce qui resterait si je découpais tous les articles parlant du manque d'intégrité d'une personne ? » Vous prenez une paire de ciseaux et vous coupez un article, puis un autre et encore un autre, etc. Quand votre découpage est terminé, vous vous apercevez qu'il ne reste plus grand-chose, mis à part les dessins humoristiques, les publicités et les résultats sportifs. Eh oui ! La majorité des articles parlent de scandales, de promesses non tenues, de tricheries, de vols et de mensonges. Nous prétendons tous accorder beaucoup d'importance à l'intégrité et nous en profitons pour faire des commentaires sur le manque d'intégrité des autres. Mieux vaudrait sans doute consacrer notre énergie à nous efforcer d'être toujours plus intègres, plutôt que de la gâcher en nous préoccupant de l'intégrité des autres. L'intégrité est l'essence même de notre être. C'est notre âme, le point de départ de toute prise de décision.

L'intégrité à l'intersection des comportements et du discours

« Fais ce que tu dis. » Cette maxime a été prononcée dans des églises, dans des synagogues, sur des terrains de sport, au travail, dans des maisons, des salles de classe et des cours de récréation. Vous-même l'avez probablement entendue à maintes reprises. Durant des années, les professionnels qui planchent sur l'intégrité ont défini ce concept comme étant l'intersection entre les comportements et le discours. Selon eux, plus l'intersection est vaste, plus l'intégrité est grande.

Si vous consultez les études visant à déterminer ce que les individus attendent de leur chef et des personnes jouant un rôle primordial dans leur vie, l'intégrité arrive toujours en tête de liste : nous souhaitons tous être entourés de personnes intègres. Et pour évaluer leur degré d'intégrité, nous avons recours à un test fiable ; il suffit de se poser une seule question : fait-il ou fait-elle ce qu'il/elle dit ? En fait, le seul moyen permettant de juger de votre honnêteté est de comparer vos actes et vos paroles. Si les deux sont cohérents, vous êtes intègre. Si les deux sont en désaccord, vous manquez d'honnêteté.

Paroles d'un sage

Votre véritable beauté est votre intégrité.

Lorsque vous ne faites pas ce que vous dites, vous n'êtes plus crédible, ce qui a des répercussions négatives sur votre relation avec autrui. C'est à vous de veiller à ce que vos paroles et vos agissements soient en parfait accord – et vous verrez que cela portera ses fruits.

Faire ce que l'on dit est le premier degré de l'intégrité. Dans la mesure où il y a trois niveaux, le défi que vous devez vous lancer est d'atteindre le plus haut degré.

Les trois éléments sur lesquels repose l'intégrité

Citation

« La véritable grandeur d'un homme ne se mesure pas quand tout va bien pour lui, mais lorsqu'il traverse une période de défis et de controverses. »

Martin Luther King Jr.

Vous êtes la seule personne sur Terre qui puisse véritablement porter un jugement sur votre intégrité – en ne vous contentant pas uniquement de vérifier si vos actes sont en accord avec vos paroles. Je pourrais vous citer nombre d'exemples où chacun d'entre nous semble intègre alors qu'il manque un élément essentiel : la croyance. Vos actions peuvent correspondre parfaitement à vos paroles sans que vous croyiez toutefois à ce que vous faites : vous

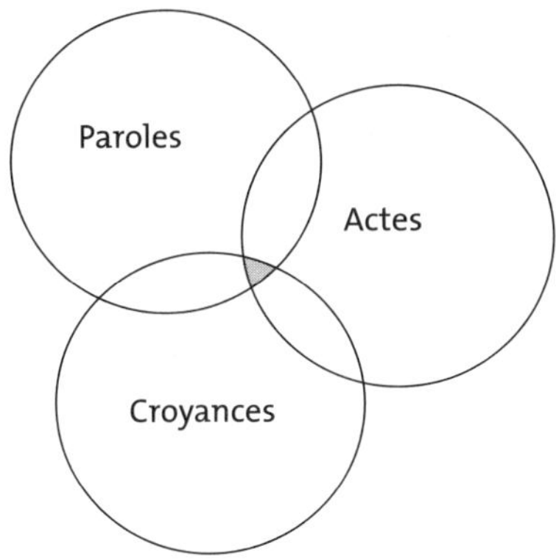

Les éléments de base de l'intégrité, une petite intersection.

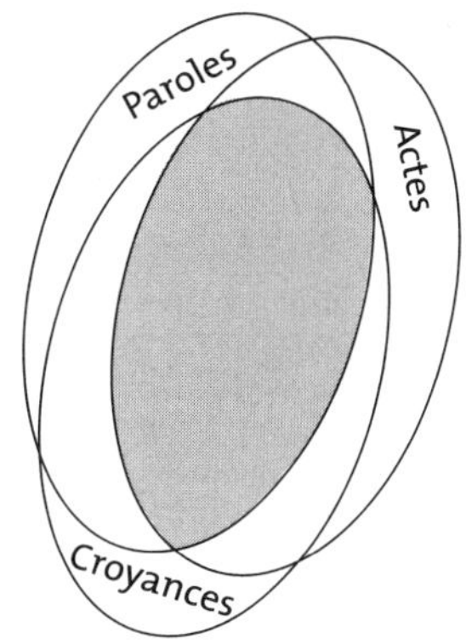

Le but recherché, une grande intersection.

vous pliez à la pression de vos pairs et aux opinions véhiculées par la société. Ainsi un homme politique peut-il agir et tenir des propos en accord avec les idées de son parti sans y adhérer vraiment.

Quelle solution s'offre à nous pour préserver notre intégrité ? En fait, celle-ci repose sur trois éléments essentiels qui sont les mots, les actes et les croyances. Lorsque ces trois éléments sont réunis, la magie peut opérer. Vous éprouvez une sensation de paix, et devenez pleinement conscient de votre être profond.

Les résolutions *vs* les promesses

Paroles d'un sage

Vos actes sont le reflet de votre âme.

Savez-vous pourquoi nous parlons de « résolutions de la nouvelle année » et non de « promesses de la nouvelle année » ? Parce que nous ne voulons pas passer pour des menteurs si nous ne les tenons pas. Mais que se passe-t-il lorsque nous n'allons pas au bout de nos résolutions ? Prendre une résolution, c'est être déterminé à faire quelque chose, ce qui n'a pas la même résonance que promettre quelque chose. Le 1er janvier, si je promets de faire telle ou telle chose, je vais me sentir obligé(e) de tenir cette promesse. Selon moi, si les résolutions du début de l'année étaient remplacées par des promesses, nous serions plus nombreux à changer de comportement !

Des promesses, toujours des promesses

Nous faisons tous des promesses - aux personnes qui nous entourent et à nous-même. Mais nous devrions leur accorder plus de crédit, car si nous ne les tenons jamais, plus personne ne croira ce que nous disons. Faire une promesse n'est pas insignifiant puisque les promesses ont une répercussion immédiate sur notre intégrité personnelle. Pour ne pas l'oublier, lisez soigneusement les six règles d'or ci-après :

Citation

« Vous n'avez pas le loisir de choisir quand et comment vous allez mourir. Vous pouvez toutefois décider comment vous allez vivre. »

Joan Baez.

Avant de faire une promesse

- Ne promettez que ce que vous êtes sûr(e) de pouvoir faire.
- N'oubliez jamais que les promesses que vous vous faites à vous-même sont aussi importantes que les promesses faites aux autres.
- Lorsque vous tenez une promesse faite à une personne, veillez à ce que cette personne en ait conscience.
- Tenez toujours vos promesses et devenez un modèle en la matière.
- Dites à votre entourage que tenir une promesse est primordial pour vous.
- Si, pour une raison ou une autre, vous ne pouvez tenir une promesse, expliquez pourquoi et excusez-vous pour ce manquement.

À garder en mémoire

Être honnête avec autrui.

Tenez-vous toujours vos promesses ?

Pour le savoir, répondez aux questions suivantes :

1. Quelle est la dernière promesse que j'ai tenue ?

....

....

2. Comment la personne concernée a-t-elle réagi ?

....

....

3. Avant de faire cette promesse, est-ce que j'étais sûr(e) de pouvoir la tenir ?

....

....

4. Comment me suis-je senti(e) après avoir tenu ma promesse ?

....

....

5. Quelle est la dernière promesse que je n'ai pas tenue ?

....

....

6. Pourquoi n'ai-je pas pu la tenir ?

....

....

7. Quelles ont été les conséquences pour la personne concernée ?

....

....

8. Est-ce que j'ai fait savoir à la personne concernée pourquoi je n'étais pas en mesure de tenir ma promesse ? Si oui, comment ? Est-ce que je me suis excusé(e) ? (Si vous ne l'avez pas fait, sachez qu'il n'est jamais trop tard.)

....

....

9. Dans quelle mesure ai-je été affecté(e) par le fait de ne pas avoir tenu ma promesse ?

....

....

10. Quelle leçon ai-je tirée de cette expérience ?

....

....

Tenir ses promesses : passer en revue la *check-list*

Imaginons que vous soyez dans le *cockpit* d'un avion. Vous êtes face à une multitude d'appareils de mesure et d'instruments de commande. Avant que l'avion prenne son envol, vous devez passer en revue un certain nombre de points afin de vérifier que toutes les conditions sont réunies pour un vol sécurisé. C'est de cette *check-list* que dépend le bon déroulement du vol et votre survie.

Les réflexes à prendre avant de formuler une promesse sont les mêmes : vous devez vérifier que les autres points notés dans votre *check-list* « spéciale promesses » sont bien respectés.

Citation

« Ta conscience est la mesure de l'honnêteté de ton égoïsme. Écoute-la avec attention. »

Richard Bach.

1. Qu'est-ce qui me pousse à faire cette promesse ?

2. Est-ce que je vais pouvoir la tenir ?

3. Est-ce que cette promesse correspond à ce que je suis véritablement ?

4. Cette promesse a-t-elle peu ou beaucoup d'importance ?

Passez maintenant en revue votre *check-list*. Prenez une promesse et cochez ci-dessous les cases appropriées :

1. Qu'est-ce qui me pousse à faire cette promesse ?

❑ Je veux impressionner la personne à qui je vais promettre quelque chose.

❑ Je veux véritablement venir en aide à cette personne.

❑ Je ne sais pas dire « non ».

❑ Je veux que la personne à laquelle je vais faire une promesse se sente bien.

❑ J'aime ce sentiment de pouvoir que j'éprouve à chaque fois que je fais une promesse.

2. Est-ce que je vais pouvoir la tenir ?

❑ J'ai toutes les ressources nécessaires pour le faire (argent, connaissance, outils, etc.).

❑ J'ai le pouvoir de tenir ma promesse.

❑ J'ai la volonté de réussir.

3. Est-ce que cette promesse correspond à ce que je suis véritablement ?

❑ La promesse que je vais faire est en parfait accord avec mes croyances.

❑ La promesse que je vais faire est en parfait accord avec mes actes.

❑ La promesse que je vais faire est en parfait accord avec mes paroles.

4. Cette promesse a-t-elle peu ou beaucoup d'importance ?

❑ C'est une petite promesse que je vais pouvoir tenir sans attendre.

❑ C'est une petite promesse qui n'engage que moi.

❑ C'est une petite promesse qui nécessite l'intervention de tiers.

❑ C'est une promesse importante que je ne vais pas pouvoir tenir du jour au lendemain.

❑ C'est une promesse importante que je ne vais pas pouvoir tenir si je ne bénéficie pas de l'aide d'un tiers.

❑ C'est une promesse importante mais que je vais pouvoir gérer seul(e).

À garder en mémoire

Intégrité,
le maître mot.

Au final, en fonction des réponses données, puis-je m'engager et faire cette promesse ?

❑ Oui

❑ Non

Faites que vos rêves deviennent réalité

Les rêves sont des films projetés dans notre tête que nous visionnons la nuit, parfois en couleur, parfois en noir et blanc, souvent surréalistes, souvent trop réalistes. Mais ces activités cérébrales nocturnes sont beaucoup moins importantes que les rêves conscients avec lesquels nous abordons notre avenir - quelle personne veux-je devenir ? Comment parvenir à mes fins ? Comment changer la vie des autres ? Ces rêves ont quelque chose à voir avec l'intégrité personnelle et la conception que chacun a de soi.

Nous devrions sans cesse avoir des rêves dans la tête, car ce sont eux qui nous poussent à saisir les bonnes occasions, à faire des expériences et à grandir.

Paroles d'un sage

Avez-vous l'impression de mieux tenir les promesses que vous faites aux autres que les promesses que vous vous faites à vous-même ? Pourquoi ?
En réalité, plus vous tenez les promesses que vous vous faites à vous-même, moins vous aurez de mal à tenir celles que vous faites aux autres.

Une dose d'inspiration

Rêver grand

S'il y avait un temps pour oser,
pour changer les choses,
pour se lancer dans quelque chose
qui vaille la peine,
ce serait maintenant.
Pas forcément pour une grande cause
– mais pour quelque chose
qui vous tient à cœur,
quelque chose qui vous inspire,
quelque chose dont vous rêvez.
Il ne tient qu'à vous
que ces jours comptent.
Amusez-vous.
Puisez dans vos réserves.
Exigez le maximum de vous-même.
Rêvez grand.
Si ces choses valent la peine,
elles sont rarement faciles.
Il y aura de bons jours.
Il y aura de mauvais jours.
Il y aura des jours où vous voudrez
faire demi-tour,
tout remballer,
et tout laisser tomber.
Vous devrez en tirer une leçon,
vous dire que vous pouvez aller plus loin,
que vous n'avez pas peur et que vous
allez essayer encore.
Persistez.
Car avec une idée en tête,
de la détermination,
et de bons outils,
vous pouvez accomplir de grandes choses.
Donnez libre cours à vos instincts,
à votre intellect et à votre cœur.
Laissez-les vous guider.
Faites-leur confiance.
Ayez foi en la force incroyable de l'être
humain.
Pour changer les choses.
Pour travailler dur.
Pour rire et espérer.
Pour paresser.
Pour garder vos amis.
Pour surmonter tout ce que vous
croiserez sur votre chemin cette année.
Entreprendre quelque chose de nouveau
et espérer quelque chose de grandiose.
Tout est possible.
Vous êtes unique.
Et vous n'emprunterez cette route
qu'une fois.
Faites-le sans attendre.
Rêvez grand.

Et nous devons toujours garder à l'esprit que chaque rêve n'est qu'une étape d'un grand voyage, un poteau indicateur sur la route de la vie. Lorsqu'il est réalisé, il faut partir en quête d'un nouveau. Rêver est une activité constante qui enrichit l'esprit et éclaire notre vie.

Les rêves doivent être réalisés sous peine de n'être que de belles images peintes dans notre tête. Or passer à l'action

Citation

« Avancez avec confiance dans la direction de vos rêves. »

Henry David Thoreau.

n'est pas toujours facile, et il faut alors se poser la question : « Comment aller d'ici à là ? » Le chemin risque d'être parsemé d'embûches et il y aura toujours quelqu'un pour nous barrer la route - personne n'a jamais prétendu que réaliser un rêve est facile. Mais si votre rêve est sincère, vous saurez trouver les ressources nécessaires pour surmonter vos peurs, passer outre les détracteurs et mobiliser votre esprit, votre corps et votre âme afin qu'ils travaillent en parfaite symbiose - et que vous arriviez à vos fins.

Faire passer ses rêves en priorité

Vous faites des sacrifices pour vos enfants, pour les êtres qui vous sont chers, pour la communauté dans laquelle vous vivez - et vous faites passer vos rêves en dernier. Vous pensez peut-être faire preuve de générosité en agissant ainsi, mais, en fait, vous puisez à tort dans le réservoir des richesses qui vous sont propres. Vous vous refusez les bienfaits émotionnels et spirituels qui pourraient apporter du bonheur et du piment à votre vie. Si vous faites passer vos rêves en priorité, vous serez transformé(e) et vous aurez alors plus d'influence sur la vie des autres. Le fait d'avoir des rêves pour vous et pour les autres rend la vie plus palpitante et plus exaltante.

Citation

« Nous vivons dans les actions, pas dans les années ; dans les pensées, pas dans les souffles ; dans les sensations, pas dans les chiffres sur un cadran. Ce sont les battements de notre cœur qui devraient compter le temps. La personne qui vit le mieux est celle qui réfléchit le plus, qui ressent le plus et qui agit le mieux. »

Philip James Bailey.

Ce que vous devez retenir

→ L'intégrité repose sur un accord parfait entre les croyances, les mots et les actes.

→ Sachez tenir vos promesses.

→ Ne promettez pas n'importe quoi.

→ Rêvez pour vivre et vivez pour rêver.

QCM

1 – Quel personnage de la mythologie grecque tomba amoureux de son reflet ?

❑ **A** - Hercule
❑ **B** - Narcisse
❑ **C** - Ptolémée

2 – L'intégrité, c'est…

❑ **A** - dire ce que l'on pense
❑ **B** - agir selon sa conscience
❑ **C** - faire ce que l'on dit

3 – Comment se réconcilier avec son miroir ?

❑ **A** - en cessant de se regarder dedans
❑ **B** - en pensant à des choses positives en se regardant
❑ **C** - en achetant un miroir « flatteur »

4 – Qu'est-ce qui fait grandir ?

❑ **A** - l'introspection
❑ **B** - l'échange
❑ **C** - les révélations

5 – Quelle est la seule empreinte qui reste toujours intacte ?

❑ **A** - l'empreinte du cœur
❑ **B** - l'empreinte vocale
❑ **C** - l'empreinte digitale

6 – Sur quoi peut-on coller une étiquette ?

❑ **A** - les choses
❑ **B** - les personnes
❑ **C** - rien du tout

7 – Sur quoi l'intégrité repose-t-elle ?

❑ **A** - les mots
❑ **B** - les actes
❑ **C** - les croyances

8 – Quelle question faut-il se poser avant de faire une promesse ?

❑ **A** - « À qui fais-je cette promesse ? »
❑ **B** - « Vais-je pouvoir tenir cette promesse ? »
❑ **C** - « Ai-je envie de faire cette promesse ? »

Réponses

1:B - 2:C - 3:B - 4:A et C
5:A - 6:A - 7:A, B et C - 8:B

Nombre de bonnes réponses ❑

Si vous avez au moins 6 bonnes réponses, passez au chapitre suivant, sinon… faites quelques révisons !

Partie 2 Devenir un(e) adepte du changement

Nous le savons tous, le changement peut faire peur. Nous nous y opposons parfois tellement que nous finissons par stagner. Vous devez apprendre à mettre en place des changements dans votre existence, ce qui sous-entend voir la vie sous un angle différent, vous autoriser à commettre des erreurs, évaluer les risques, en prendre si nécessaire et surtout affronter directement la peur. Lorsque vous lui ferez face, vous vous apercevrez qu'elle peut agir comme un catalyseur et favoriser le changement.

Chapitre 4

Trouver le courage de changer

Dans ce chapitre

→ Comment faire du changement son allié

→ Comment porter un regard neuf sur le monde

→ Comment reconnaître les bienfaits du changement et en profiter

→ Comment gérer le malaise associé au changement

Voici un test qui s'adresse à tous. Déterminez l'intrus dans la liste suivante :

a. Changer une ampoule

b. Changer de vêtements

c. Changer un pneu

d. Changer de vie

e. Changer les draps

f. Changer la couche d'un nouveau-né

Si vous avez choisi la réponse « d », soit « changer de vie », vous avez raison. Avez-vous donné cette réponse à tout hasard ou vous êtes-vous fié(e) à votre intuition ou à votre raisonnement ? Les autres options font référence à des activités relativement faciles (hormis changer la couche d'un bébé, je vous l'accorde), qui ne présentent aucun risque et qui n'ont rien à voir avec le concept du « soi ». Or changer de vie est l'une des tâches les plus difficiles à laquelle nous puissions être confrontés.

Un changement radical implique une synergie holistique entre le corps, l'esprit et l'âme. Il n'est donc pas étonnant que notre premier réflexe soit de résister au changement.

Citation

« Il n'existe rien de constant si ce n'est le changement. »

Bouddha.

Vous pouvez être l'architecte du changement

Pour la plupart des individus, les changements sont aussi douloureux que le fait de marcher sur un clou ; lorsqu'ils y sont confrontés, ils se disent : « Pourquoi *moi* ? »

Comme toujours, il existe des exceptions : certains voient les choses différemment et affirment aimer le changement qui leur permet d'évoluer. Si tel est votre cas, sachez que vous faites partie d'une minorité et savourez votre chance !

Quelles réponses donneriez-vous aux questions suivantes ?

1. À quand remonte le dernier changement que vous avez mis en place ? À un an ? à un mois ? à une semaine ? à un jour ? à aujourd'hui ?

....

....

2. Qu'avez-vous changé ?

....

....

3. Est-ce vous qui initiez généralement le changement, ou quelqu'un d'autre ?

....

....

Paroles d'un sage

Le monde change non grâce à une masse d'individus mais grâce à des êtres solitaires qui agissent individuellement.

Examinons vos réponses. Je suis prêt à parier qu'une minorité d'entre vous a répondu « aujourd'hui » à la première question. Nous ne considérons généralement comme changements que les événements importants ou fondamentaux. Mais ce qui nous change réellement dépend d'éléments provenant de nos expériences quotidiennes et de la manière dont nous réagissons lorsque nous y sommes confrontés. C'est ce qu'on appelle « création personnelle » ; or qui dit création personnelle dit changement. Peut-être est-ce la réponse que vous avez donnée à la question n° 2.

Citation

« L'homme est la seule créature sur Terre qui puisse changer son mode de vie. Seul l'homme est l'architecte de sa destinée. La plus grande découverte faite à ce jour est que les êtres humains peuvent changer les aspects extérieurs de leur vie en changeant les attitudes intérieures de leur esprit. »

William James.

Passons maintenant à la dernière question. Est-ce vous ou les autres qui initiez habituellement un changement ? Si vous avez répondu « moi », cela sous-entend que vous contrôlez assez bien votre vie. Si vous avez répondu « les autres », vous ne devez pas avoir ce sentiment, et vous vous considérez plus comme un exécutant que comme un preneur de décision.

Vous devez apprendre à devenir un initiateur, à contrôler votre vie en faisant des choix, en créant votre propre personnalité. Souvenez-vous : c'est vous qui créez votre vie, c'est vous qui mettez en place les changements - vous, et personne d'autre.

Passer à l'action

Pensez à une personne – un ami ou un parent – qui a joué un rôle primordial dans votre vie à une période, mais qui s'est éloignée de vous (à cause d'un déménagement ou pour toute autre raison). Prenez votre téléphone et appelez-la pour lui dire bonjour. En faisant ce petit pas vers elle, vous renouez des liens entre vous – ne serait-ce que temporairement. Vous mettez en place un changement.

Depuis l'apparition de l'homme sur Terre, il a toujours existé deux concepts universels relatifs au changement :

1. Vous pouvez soit être le créateur de votre propre changement, soit en être la victime.
2. Le changement est le seul aspect cohérent du genre humain.

Je suis sûr que ces concepts devaient déjà être contenus d'une quelconque manière dans les messages que les premiers hommes ont dessinés sur les parois des cavernes dans lesquelles ils vivaient. C'est d'ailleurs le besoin de changer qui les a poussés à utiliser le feu. Et les théories des hommes des cavernes ont la vie dure ! Même si elles ont été remises en question par les philosophes des siècles durant, elles perdurent encore aujourd'hui.

Des neurones engourdis

Essayez de visualiser votre salle à manger. Pensez aux tableaux accrochés aux murs. Je suis prêt à parier que si vous habitez dans le même appartement ou la même maison depuis plus de six mois, vous ne voyez même plus les tableaux lorsque vous entrez dans la pièce.

> **Paroles d'un sage**
>
> Ce qui différencie une ornière d'une tombe, ce sont les dimensions.

Pourquoi ? Tout se passe au niveau de votre cerveau. Vous êtes passé(e) tant de fois devant ces tableaux que votre cerveau ne fait même plus l'effort de les reconnaître – les tableaux ne représentent plus des *stimuli* pour lui.

C'est la même chose pour les autres aspects de la vie. Lorsque nous accomplissons les choses toujours de la même manière, le cerveau s'engourdit et nous avons tendance à obtenir continuellement les mêmes résultats.

Stimulez votre cerveau

Afin de stimuler votre cerveau et de l'empêcher de s'engourdir, vous avez besoin d'une nouvelle paire d'yeux. Je sais ce que vous pensez : « L'auteur a-t-il perdu la tête ? »

Rassurez-vous, il n'en est rien, mais je suis convaincu qu'il vous faut vraiment une nouvelle paire d'yeux. Comme on n'a jamais rien sans rien, vous devez prêter serment. Pas si vite ! Ne sautez pas les étapes, une sorte de chorégraphie doit être mise en place. Formez deux cercles avec l'index et le pouce de chacune de vos mains. Puis mettez ces deux cercles devant vos yeux comme si vous chaussiez une paire de lunettes. Ça y est, vous avez de nouveaux yeux !

Muni(e) de vos nouvelles lunettes, prononcez les phrases suivantes :

« Aujourd'hui, j'ai une nouvelle paire d'yeux,
des yeux qui vont m'aider à voir différemment le rôle que je dois jouer dans la vie.
J'ai un grand potentiel,
maintenant il est temps
de chercher des réponses, de relever des défis et de saisir des opportunités.
En m'engageant à vivre du mieux possible,
je peux faire la différence. »

À présent, vous pouvez retirer votre nouvelle paire d'yeux, car ils présentent l'avantage d'être amovibles. Vous pouvez les mettre dans votre poche, les porter sous la douche ou les emporter où que vous alliez !

C'est à vous de savoir quand les mettre - ce qui est le plus difficile. Cette nouvelle paire d'yeux vous permet de voir différemment votre vie et le monde.

Jugez votre comportement

Consacrez quelques minutes à réfléchir à ce que vous avez fait aujourd'hui. Quels sont les comportements qui reviennent le plus fréquemment ? Identifiez trois événements récurrents et précisez ce que vous inspire la manière dont vous vous comportez en prenant modèle sur l'exemple ci-dessous :

Comportement : J'ai pris le métro pour me rendre à mon travail et pendant tout le trajet - soit 30 minutes - j'ai regardé par la fenêtre.

Analyse : En allant au travail, j'ai regardé la vie défiler.

> **Citation**
>
> « Le véritable voyage de la découverte ne consiste pas à chercher de nouveaux paysages mais à avoir de nouveaux yeux. »
>
> Marcel Proust.

1. Comportement :
Analyse :

2. Comportement :
Analyse :

3. Comportement :
Analyse :

Pourquoi répétez-vous ces situations ? dans quel but ?

....

....

Pour chacune de ces trois situations, demandez-vous quelles autres options pourraient être mises en place. Référez-vous à l'exemple qui suit :

Comportement : J'ai pris le métro pour me rendre à mon travail et pendant tout le trajet - soit 30 minutes - j'ai lu un livre proposant diverses solutions pour augmenter le potentiel de chacun.

Analyse : J'ai identifié plusieurs solutions que je pourrais mettre en place et cela m'a donné de l'énergie pour toute la journée.

1. Comportement :
   Analyse :

2. Comportement :
   Analyse :

3. Comportement :
   Analyse :

Bien entendu, changer de comportement uniquement pour me faire plaisir ne modifiera en rien votre vie. Mais je pense qu'en vous prenant au jeu, vous avez perçu l'essentiel : vous avez compris qu'il est possible d'enrichir votre vie en évaluant systématiquement ce que vous faites et en essayant d'opter pour des comportements différents. Ce processus ne peut que stimuler votre cerveau. Mais attention ! vous ne devez pas vous contenter de fournir un tel effort occasionnellement : il faut le faire de manière continue. Vous verrez la différence.

Paroles d'un sage

Un jour, quelqu'un m'a dit : « J'aime le changement ; ce que je n'aime pas, c'est être changé ! »

La leçon de la chenille processionnaire

Les expériences nous apprennent beaucoup. Notre entourage et nos études également. Mais que peut donc nous enseigner une chenille processionnaire ? Cette larve dont le corps est recouvert de minuscules poils urticants affectionne particulièrement les conifères – les pins notamment.

Il y a quelques années, je lisais des articles sur le succès individuel lorsque j'ai découvert un article rédigé par le Dr Keith DeGreen intitulé « La Leçon de la chenille processionnaire. »

La chenille processionnaire du pin mesure environ 2,5 cm de long. Elle est dotée d'une multitude de pattes et d'antennes pectinées. Son corps est de couleur brun-roux, ce qui explique pourquoi elle passe inaperçue lorsqu'elle se déplace sur le sol. Si ses caractéristiques physiques sont atypiques, c'est surtout son comportement qui mérite que l'on s'y intéresse.

Savez-vous ce qui se passe lorsqu'on met des chenilles les unes derrière les autres pour dessiner un cercle au milieu duquel on pose de la nourriture ? Précisons tout d'abord que

Paroles d'un sage

Notre salle de classe est le monde qui nous a précédés, le monde en nous et le monde autour de nous.

les mettre en place n'est pas aussi facile qu'il y paraît, et que seul un entomologiste expérimenté peut y parvenir… Quoi qu'il en soit, une fois que les chenilles sont en cercle, elles tournent et tournent encore sans toucher à la nourriture au centre du cercle, tant est si bien qu'elles finissent par mourir de faim ! Aucune d'entre elles n'a l'idée ou la motivation de se risquer en dehors du cercle, même pour une question de survie.

Avez-vous le sentiment d'avoir déjà eu un comportement similaire à celui de la chenille processionnaire du pin ? Bien sûr ! Ça nous est arrivé à tous, soit parce que nous avions peur, soit parce que nous étions dans l'incertitude. Les responsables peuvent être la fatigue, l'insécurité ou le manque de confiance en soi – autant de choses dont on se passerait bien.

La chenille processionnaire du pin fait des ravages. Heureusement, certains répulsifs sont efficaces. J'ai une nette préférence pour les produits naturels qui respectent l'environnement, notamment le répulsif dont je livre ci-dessous les composants.

Passer à l'action

Réfléchissez un instant à ce que vous inspire le changement. Au lieu de considérer le changement comme une menace, dites-vous qu'il s'agit d'une belle opportunité. Demandez-vous : « Comment puis-je utiliser ce changement pour grandir ? » Puis prenez des mesures afin d'aller dans une direction positive.

Répulsif pour lutter contre la mentalité de la chenille processionnaire du pin

Ce répulsif favorise le développement individuel. Il est totalement inoffensif pour les plantes et les animaux. Il est efficace à fortes doses. Si la première application se révèle être inefficace, renouvelez l'opération.

Mode d'emploi

Avant d'utiliser le produit, lisez attentivement la notice. Ce produit peut être utilisé à tout âge, des plus jeunes aux plus âgés. Seules les doses varieront. Vous maîtrisez l'incidence que ce produit aura sur vous. À utiliser sans parcimonie !

Composants actifs

S'engager pour venir en aide aux autres à court terme	21 %
Désirer une évolution personnelle	19 %

Trouver une orientation dans la vie	17 %
Croire en ce qui fait la différence	24 %
Gérer son malaise face au changement	19 %
Total	100 %

ATTENTION
La mentalité de la chenille processionnaire du pin empire si elle n'est pas traitée. La prévention reste le meilleur répulsif.

Le malaise n'est pas votre ennemi

On se sent mal à l'aise quand quelque chose ne va pas. On pourrait en déduire que le malaise est un sentiment négatif, mais ce n'est pas le cas. En fait, ressentir un malaise peut nous orienter dans une direction positive. Lorsque vous avez faim, vous vous sentez mal à l'aise et vous mangez. Lorsque vous avez froid, vous êtes mal à l'aise et vous enfilez une veste. Le malaise est un catalyseur important et nécessaire pour agir et pour changer.

> **Citation**
>
> « Le progrès est un beau mot. Mais le changement est ce qui motive le progrès et le changement a des ennemis. »
>
> Robert F. Kennedy.

Dès notre plus jeune âge, on nous apprend qu'il faut éviter le malaise. Mais plutôt que le fuir, pourquoi ne pas se poser la question suivante : « Pourquoi ce malaise ? Quelle en est l'origine ? » Si vous allez au fond du problème, vous en tirerez des leçons bénéfiques. Si vous ne regardez que les symptômes, vous aurez du mal à grandir.

Je ne dis pas qu'il faille chercher toutes les solutions susceptibles de provoquer un malaise. Il s'agirait alors de masochisme, ce dont vous ne voulez pas être accusé(e). Ce que je suggère, c'est que vous vous serviez de ce qui est positif dans le fait d'éprouver un malaise pour vous créer la meilleure vie qui soit.

Le changement est une sensation

Le changement est une question de sensations – physiques et émotionnelles. Faisons l'expérience suivante : changez votre montre de poignet. Quelle sensation éprouvez-vous ?

- Une sensation étrange ?
- Une sensation désagréable ?

- Une sensation de gêne ?

En fait, il est probable que votre première réaction soit : « Vite ! il faut que je remette ma montre à mon autre poignet, à sa place habituelle. »

C'est exactement ce qui se passe lorsque vous vous trouvez face à un changement. Cela peut être étrange, désagréable et gênant, et vous avez hâte de revenir à la situation antérieure. C'est une attitude courante.

Mais vous pouvez apprendre à dépasser ce désir de faire marche arrière - à vous habituer à porter votre montre à l'autre poignet. Il suffit de le vouloir et de faire preuve d'un peu de patience.

Une dose d'inspiration

La taille que je fais,
la distance que je perçois,
la limite que je peux
atteindre dépendent
de moi.

Ce qui prime, c'est la manière dont vous réagissez face au changement, que vous en soyez à l'origine ou qu'il vous soit imposé par un tiers. Vous devez vous autoriser à expérimenter un changement, à l'apprivoiser et à en tirer profit. Lorsque vous contrôlez un changement, vous créez votre vie à chaque instant.

Le facteur de stagnation

Imaginez que vous êtes en train de marcher dans une forêt par un beau jour d'été. La végétation luxuriante, le chant des oiseaux et les cris des animaux vous saluent. Subjugué(e) par le cadeau que vous fait la nature, vous avancez sur un chemin. Soudain, vous apercevez à votre gauche quelque chose qui vous choque dans ce décor : il s'agit d'une petite mare aux eaux nauséabondes. Des insectes volent au-dessus d'un film vert brunâtre à la surface de l'eau. L'eau est si dégoûtante et sent si mauvais que vous ne pouvez imaginer que des êtres y vivent.

Ce que vous voyez, c'est la concrétisation de la stagnation dans toute sa splendeur. Votre vie stagne-t-elle au point qu'un film la recouvre peu à peu ? Vous contentez-vous d'exister ? J'espère que non !

Malheureusement, trop de personnes ont une vie stagnante. N'avez-vous jamais rencontré quelqu'un qui accomplit un travail harassant toute la journée, attendant que la journée soit finie, et qui recommence sur le même rythme le lendemain ?

Paroles d'un sage

Résister au changement pompe de l'énergie. Accepter le changement procure de l'énergie. À vous de choisir !

Vous pouvez vous débarrasser de cet état de stagnation. C'est à vous de faire en sorte que des eaux vives animent votre vie et chassent les impuretés qui s'y agglutinent. Appréciez l'euphorie que de nouvelles perspectives et de nouvelles expériences sont susceptibles d'apporter. Vous verrez qu'au lieu de décliner vous ne pourrez que grandir. La vie que vous changez sera la vôtre.

Ce que vous devez retenir

→ Jour après jour, heure après heure, minute après minute, vous créez celui ou celle que vous êtes.

→ Vous pouvez avoir une influence sur le changement et sur ses conséquences dans votre vie.

→ Le changement peut être un allié ou un adversaire... À vous de choisir !

→ Le malaise peut déboucher sur un changement positif – à condition de le vouloir.

Chapitre

5

Des règles aléatoires pour une prise de risque

Dans ce chapitre

→ Apprendre à s'autoriser à commettre des erreurs

→ Tirer des leçons des erreurs commises

→ Pourquoi il est indispensable de calculer la prise de risque

→ Évaluer les risques en fonction d'un modèle

Nager... à ses risques et périls.
Faire du parachute ascentionnel... à ses risques et périls.
Faire de l'escalade... à ses risques et périls.

Ce type de phrases vous est familier ? En fait, cela signifie que c'est à vous que revient la décision. Tout ce que vous entreprenez pourrait s'accompagner de ce fameux « à vos risques et périls », comme par exemple :

- Accepter un emploi... à vos risques et périls.
- Vous marier... à vos risques et périls.
- Aller à l'université... à vos risques et périls.
- Manger des raviolis en boîte... à vos risques et périls.

La vie est... à nos risques et périls. Ironie du sort, le risque est l'un des plus grands cadeaux qu'on puisse nous faire à la naissance, un cadeau impérissable qui nous permet de créer notre personnalité.

Décréter un « jour où l'on a le droit de commettre des erreurs »

Aujourd'hui, une énorme responsabilité vous incombe. Pour on ne sait quelle raison, c'est à vous qu'échoue la refonte du calendrier et c'est à vous de décider quel événement sera célébré.

Vous allez rapidement vous en apercevoir : le fait de décider quel jour on célébrera tel ou tel événement n'est pas une tâche aisée dans la mesure où nombre de personnes et d'événements ont droit de cité. Laissez-moi vous aider : il y a un jour qui a été trop longtemps laissé pour compte. Vous donnez votre langue au chat ? Il s'agit du « jour où l'on a le droit de commettre des erreurs ».

Citation

« Un navire arrimé au port est en sécurité – mais ce n'est pas ce pour quoi il a été construit. »

John A. Shedd.

Paroles d'un sage

Tirez des enseignements des erreurs des autres, car vous n'aurez pas suffisamment de temps pour toutes les commettre.

En réalité, le droit de faire des erreurs est autorisé tous les jours de l'année - oui, vous avez bien lu. Il n'est pas question d'opter pour un jour dans l'année ou dans le mois. Nous devons avoir le droit de commettre des erreurs 365 jours sur 365.

Commettre des erreurs : le propre de l'homme

S'il y a un fait indéniable, c'est bien que l'être humain commet des erreurs. Malheureusement, des gènes d'autoprotection entrent parfois en action en nous poussant à ne pas reconnaître nos erreurs, à les dissimuler ou à ne pas les affronter. Enfin, pour ma part ! Mais cela vous est peut-être déjà arrivé...

Que se passerait-il si vous vous autorisiez à commettre des erreurs ? Imaginez les avantages que vous pourriez en tirer :

- Un monde nouveau s'ouvrirait à vous.
- Vous prendriez plus de risques.

- Vous vous autoriseriez à être vulnérable – d'une manière positive.
- Vous vous permettriez une vie plus aventureuse.
- Vous grandiriez en tant que personne.
- Vous sécréteriez des anticorps pour lutter contre le perfectionnisme.

Passer à l'action

« Je ne peux pas attendre jusqu'à ce que… »

« Je ne peux pas attendre jusqu'à ce que… »

« Je ne peux pas attendre jusqu'à ce que… »

Eh bien n'attendez pas ! Agissez tout de suite !

Est-ce que s'autoriser à commettre des erreurs signifie se réveiller le matin et se dire : « Alors, aujourd'hui, je sors et je vais commettre des erreurs » ? Bien sûr que non ! S'autoriser à commettre des erreurs, c'est se dire : « Aujourd'hui, je vais saisir de nouvelles opportunités. Je vais essayer des choses nouvelles. Je vais construire cette journée de toutes pièces. »

Passer maître dans l'art de commettre des erreurs

Avant d'en arriver là, il va falloir retourner sur les bancs de l'école !

Vous voulez être diplômé(e) dans ce domaine ? N'espérez pas obtenir ce diplôme dans une pochette surprise : il vous sera remis en mains propres lorsque vous aurez franchi toutes les étapes qui s'imposent.

La salle de classe n'est autre que la vie en général et l'enseignement dispensé porte sur les erreurs. Mais avant de vous lancer corps et âme dans ce programme, vous devez vous familiariser avec un concept fondamental : les erreurs contribuent à vous forger.

Vous pouvez soit tirer des leçons de vos erreurs, soit les subir et en être victime – à vous de choisir si vous préférez faire partie de la première ou de la seconde catégorie. Si vous optez pour la première solution, votre apprentissage ne sera pas long.

Pour l'être humain que vous êtes, apprendre est naturel et normal. Si vous êtes convaincu(e) que vous pouvez apprendre grâce aux erreurs commises, vous ne pourrez qu'en tirer des bénéfices.

C'est probablement les erreurs que vous avez commises tout au long de votre vie qui vous ont appris le plus de choses. Or je suis prêt à parier que, dans ces moments-là, vous

> **Citation**
>
> « La seule véritable erreur est celle dont on ne tire aucun enseignement. »
>
> John Powell.

ne vous êtes pas dit : « Super ! Commettre cette erreur m'a beaucoup appris. » Il est même fort probable que ces expériences aient parfois été douloureuses. C'est un peu plus tard que vous avez compris que vos erreurs avaient eu un effet positif, au moment où vous avez fait l'effort de réfléchir à la situation et que vous vous êtes demandé : « Quelle leçon puis-je tirer de cette expérience ? »

Au programme

Pour devenir expert(e) dans un domaine, vous devez suivre un programme adapté. Si vous êtes prêt(e) à relever le défi, les différentes étapes que vous devrez franchir sont les suivantes :

Programme général

Intitulé du cours	**Contenu**
C1 - Commettre des erreurs : historique	Les grandes erreurs commises au fil des siècles (de l'homme des cavernes à nos jours en passant par Edison et votre voisin).
C2 - Commettre des erreurs : psychologie	Ce que vous ressentez lorsque vous commettez des erreurs et pourquoi.
C3 - Commettre des erreurs : pratiques	Ce que l'on appelle la vie.
C4 - Commettre des erreurs : techniques	Toutes les stratégies, en passant par les erreurs mineures et les grosses bourdes.
C5 - Commettre des erreurs : théories	Il a fait ça, elle a fait ça, nous avons fait ça. Comment et pourquoi ?
C6 - Commettre des erreurs : introspection	Les erreurs que vous avez commises. Faire le point sur vos propres expériences.

N'attendez plus et inscrivez-vous !

Une prise de risque calculée

Chaque été, je passe mes vacances en famille au bord de la mer. Nous nous prélassons sur le sable, nous sautons dans les vagues et nous partons à l'assaut du mur d'escalade de la boutique où sont vendus les cerfs-volants. Ces faux rochers empilés les uns sur les autres paraissent plus vrais que nature aux yeux de tous – hormis des spécialistes.

Les moniteurs qui nous encadrent sont très attentifs à la sécurité. Chaque participant est équipé de chaussons d'escalade, de mousquetons, de cordes et d'un casque (et doit signer une lettre « dégageant la responsabilité de la société en cas de non-respect des règles de sécurité »). Ce qui autrefois était un exercice risqué est aujourd'hui extrêmement sécurisé. Le risque existe toujours, mais il est calculé.

Imaginons que nous décidions d'escalader le mur sans prendre l'équipement adéquat. Le risque demeurera, mais cette fois les conséquences pourraient être graves.

Au fil de votre vie, votre entourage vous poussera toujours à prendre des risques. Or c'est à vous qu'il revient de calculer la prise de risque sous peine de subir des conséquences fatales.

Une dose d'inspiration

Rire, c'est courir le risque d'être pris pour un fou.

Pleurer, c'est courir le risque d'être pris pour un sentimental.

Tendre la main aux autres, c'est courir le risque d'être impliqué dans une aventure.

Exprimer ses sentiments, c'est courir le risque de montrer sa vraie personnalité.

Dévoiler ses idées ou ses rêves, c'est courir le risque de tout perdre.

Aimer, c'est courir le risque de ne pas être aimé en retour.

Vivre, c'est courir le risque de mourir.

Espérer, c'est courir le risque de sombrer dans le désespoir.

Essayer, c'est courir le risque d'échouer.

Mais nous devons courir le risque, car le plus grand danger qui soit est de ne jamais prendre de risque.

Celui ou celle qui ne risque rien ne fait rien, n'a rien, n'est rien.

Voici quelques-unes des questions que vous devez vous poser afin d'évaluer les risques que vous êtes prêt(e) à prendre :

Passer à l'action

Vous avez une idée en tête que vous aimeriez creuser. Adressez-vous à une personne de confiance et dites-lui : « Voilà l'idée que j'ai eue. Tu as toujours été de bon conseil. Quel paramètre n'ai-je pas pris en compte ? As-tu quelque chose à ajouter ? » Faites le point, puis passez à l'étape suivante – à savoir : agir.

- Quelles sont les conséquences sur le long terme ?
- Quelles sont les conséquences sur le court terme ?
- Quel est le coût à payer (en temps, en argent, sur le plan émotionnel) ?
- Qui peut m'aider à évaluer la prise de risque ?
- Que faire pour m'aider à prendre ma décision ?
- Est-ce que le risque à prendre est conforme aux valeurs que je défends ?
- Quels risques sont à craindre si je ne prends pas de risques ?

Quelles autres questions vous viennent à l'esprit ?

....

....

Évaluer les risques : une entreprise solitaire ? Non !

Nous avons trop souvent tendance à croire que lorsque nous sommes confronté à une prise de risque, la décision nous appartient. Mais nous nous trompons. En effet, dans ce type de situation, il est fortement recommandé de faire appel à un tiers.

Pourquoi cela ?

- Pour avoir un autre point de vue.
- Pour profiter d'un savoir et d'expériences différents des nôtres.
- Pour avoir un avis plus objectif.
- Pour échanger et mieux comprendre une situation.

Paroles d'un sage

L'espoir ne doit pas être de créer un lendemain meilleur mais de vivre mieux aujourd'hui. Profitez de l'instant présent, le jour d'après n'en sera que meilleur.

Si vous n'êtes pas prêt(e) ou si vous vous interdisez de consulter les personnes autour de vous, vous courez le risque de ne pas avoir une vision claire de la situation et de ne pas détenir toutes les informations nécessaires pour prendre votre décision. Demandez de l'aide, écoutez ce que l'on vous dit, pesez le pour et le contre, et décidez.

Calculer sans faire appel aux mathématiques

Quelle est la première opération que vous avez apprise ? Probablement la même que tout le monde, c'est-à-dire 1 + 1 = 2. Vous avez alors découvert un monde nouveau...

Ne serait-ce pas merveilleux si nous pouvions calculer aussi facilement toute prise de risque, s'il suffisait d'entrer une formule et d'attendre que l'ordinateur l'analyse pour donner le résultat ? Mais nous ne le savons que trop bien, la vie ne marche pas ainsi.

Je me demande ce qui se passerait si nous étions capables de donner toujours des réponses exactes, d'éliminer tous les points d'interrogation quant à la prise de risque dès lors que nous voulons faire quelque chose. Quelles en seraient les répercussions ? Cela nous serait-il bénéfique ?

Les risques font partie de la vie car nous en avons besoin. Qui dit risque dit frisson, attente, espoir. Si nous savions toujours ce qui nous attend, le fait d'espérer et d'anticiper n'aurait plus ce pouvoir stimulant qui nous pousse à aller de l'avant.

Suivre une procédure définie

Alors, êtes-vous prêt(e) à prendre des risques ? Dans ce cas, passons à l'étape suivante. Laissez-vous guider :

1. Identifiez le risque.
2. S'il est minime, fiez-vous à votre intuition et foncez.
3. S'il est important, voire très grand, deux éléments sont à prendre en considération : votre degré de compétence et les outils que vous avez à votre disposition.

Ces deux éléments font que, bien qu'il y ait un risque, vous avez toutes les chances de réussir ce que vous êtes sur le point d'entreprendre.

Citation

« Les découvertes sont souvent faites lorsqu'on ne suit pas les instructions, qu'on s'écarte de la route principale, qu'on essaie ce qui n'a jamais été tenté. »

Frank Tyger.

- **La compétence :** soit vous avez les aptitudes pour mener à bien votre projet, soit vous vous entourez de personnes ayant toutes les qualités nécessaires pour le faire aboutir.
- **Les outils :** deux types d'outils sont nécessaires, ceux que je qualifierais d'externes - ressources matérielles et financières, aides physique, morale et intellectuelle - et ceux que je qualifierais d'internes - intuition et connaissance qui vous poussent à croire que ce que vous êtes sur le point de faire est la bonne solution.

Imaginons un carré divisé en quatre cases comme sur le dessin ci-dessous :

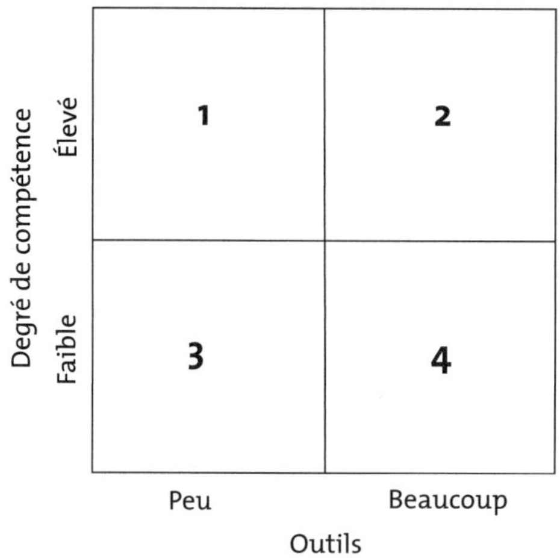

Case n° 1 - Un degré de compétence élevé mais peu d'outils : si vous envisagez vraiment de prendre un risque, vous devez impérativement trouver les outils qui vous manquent. Si besoin est, réévaluez les risques. **Conclusion :** trouvez les outils nécessaires.

Case n° 2 - Un degré de compétence élevé et beaucoup d'outils : vous êtes prêt(e) à courir le risque. **Conclusion :** jetez-vous à l'eau !

Case n° 3 - Un degré de compétence faible et peu d'outils : vous n'êtes pas prêt(e), vous le savez et les autres le savent. **Conclusion :** ne prenez pas de risque inutile, laissez tomber.

Case n° 4 - Un degré de compétence faible mais beaucoup d'outils : vous avez des atouts mais vous ne savez pas comment les utiliser. Deux solutions s'offrent à vous : soit développer vos compétences, soit vous entourer de personnes compétentes. **Conclusion :** prenez confiance.

Il est temps à présent de passer aux travaux pratiques...

Suivre la procédure que voici.

1. Identifiez le risque :

....

....

2. Identifiez la case qui semble le mieux correspondre à la situation après avoir envisagé chacune des quatre options :

....

....

3. Quelle est la conclusion ?

....

....

4. Prochaines étapes :

....

....

Ce que vous devez retenir

- → Les erreurs sont des éléments essentiels dans le développement de l'individu.
- → Certaines décisions s'accompagnent d'une prise de risque. Sachez que nombre de solutions s'offrent à vous.
- → Avant de prendre une décision, évaluez toujours la part de risque qu'elle comporte.
- → Pour progresser, tirez des leçons des erreurs commises. Ne restez jamais sur un échec.

Chapitre 6

Se débarrasser du facteur peur

Dans ce chapitre

- → Abuser des excuses
- → Bien se préparer
- → Quatre leçons à tirer de la peur
- → La peur : une ennemie ou une alliée ?

La peur pousse trop souvent les individus dans la tombe sans qu'ils aient jamais vraiment vécu. Sur leur pierre tombale, on peut lire l'épitaphe « Repose en paix ». Mais qu'attendons-nous pour nous débarrasser de ce « Repose en paix » et pour le remplacer par « Vis en paix » ? Cela n'est possible que si nous parvenons à gérer le facteur peur. Comment ? Deux solutions sont possibles selon les circonstances. Dans certains cas, il faudra ignorer votre peur et dans d'autres la tourner à votre avantage. Le plus difficile est de déterminer quelle option choisir en fonction de la situation. Même si cela vous semble compliqué, sachez que vos efforts seront toujours récompensés !

Se cacher derrière des excuses

Réfléchissez à ce qui se passe habituellement lorsqu'une personne vous demande de changer ou de prendre un risque. Vous vous sentez immédiatement mal à l'aise et vous vous confondez en excuses.

Des excuses, encore et toujours des excuses ! Pourquoi nous réfugions-nous derrière des excuses ? Identifiez les situations qui vous correspondent :

- lorsque nous ne voulons pas accepter une responsabilité ;
- lorsque nous ne voulons pas être tenus pour responsables ;
- lorsque nous ne voulons pas affronter la réalité ;
- lorsque nous voulons éviter quelque chose ;
- lorsque nous voulons nous duper ou duper les autres ;
- lorsque nous voulons un bouc émissaire ;
- lorsque nous avons peur.

Dure réalité, n'est-ce pas ?

Le problème est que les excuses débouchent vite sur la médiocrité. Et lorsque vous tombez dans la médiocrité, vous vous marginalisez. En réalité, personne ne peut vous marginaliser ; vous seul le pouvez.

Nous sommes tous passés maîtres dans l'art de présenter des excuses, notamment lorsque nous nous sentons mal à l'aise. Que dites-vous lorsque vous ne voulez pas prendre de risque ou lorsque vous ne voulez pas changer ?

Citation

« Pour trouver la sérénité, il ne suffit pas de faire disparaître les causes et les situations qui font peur. Il faut découvrir au fond de soi les réserves dans lesquelles puiser. »

Rufus M. Jones.

Ne répondez pas immédiatement et laissez-moi poser la question autrement : selon vous, quelles excuses « un ami » avancerait-il s'il devait faire face à un changement ? (J'espère que vous vous sentez mieux maintenant.)

Lorsque je donne une conférence ou que je fais un cours sur ce sujet et que je pose cette question, j'obtiens presque toujours les mêmes réponses. C'est pourquoi je suis prêt à parier que « votre ami » aurait probablement répondu :

- « J'ai toujours fait comme ça. »
- « Je n'ai pas suffisamment de temps. »
- « Je n'ai pas suffisamment d'argent. »
- « Je ne veux pas changer. »

- « C'est bien comme ça. »
- « Pourquoi changer ? »
- « Ça risque de ne pas marcher. »
- « Rien ne me pousse à changer. »
- « Je risque de commettre une erreur. »

Vous vient-il d'autres idées ?

- ....
- ....
- ....

Atténuer votre peur

Si les excuses ne manquent pas, toutes ont un point commun : la peur. La peur joue un rôle important dans la vie de chacun, notamment dès qu'il s'agit d'autoprotection - un mécanisme ô combien noble tant qu'il ne débouche pas sur la paralysie.

Le réel *vs* l'imaginaire

Lorsque vous étiez petit(e), vous aviez probablement, comme la majorité des enfants, un ami imaginaire. Un ami qui était toujours là pour vous - pour jouer, vous réconforter, vous soutenir. Mais vous avez grandi et cet ami imaginaire a disparu.

Passer à l'action

La prochaine fois que vous serez sur le point de donner une excuse, essayez de trouver une alternative. Exercez-vous !

L'idée d'un ami imaginaire prête à sourire, ce qui n'est pas le cas lorsqu'il s'agit d'ennemis imaginaires, car ceux-là demeurent à nos côtés même à l'âge adulte. L'un d'entre eux se nomme *Peur*. La peur vous accompagne-t-elle parfois ? Remet-elle en question votre sentiment de sécurité ? S'immisce-t-elle dans vos pensées ? Influence-t-elle votre manière d'agir ?

Je suppose que cette visiteuse inopportune est plus envahissante à certains moments qu'à d'autres, et que, selon les circonstances, vous avez plus ou moins de difficultés à la mettre à la porte.

Entendons-nous bien. Parfois, la peur est une alliée car elle permet à chacun d'entre nous de se protéger ; parfois, c'est une ennemie. Mais comment savoir à quel type de peur nous sommes confrontés ?

Une dose d'inspiration

Icare
Cette nuit j'ai vu Icare dans mon rêve
Je l'ai vu voler dans le ciel
Avec ses ailes faites de cire et de plumes
Monter toujours plus haut.
J'ai entendu ces mots :
    Lorsque nous allons trop haut
    Poussés par la fierté
    et le manque d'humilité
    Un Dieu en colère nous rappelle
    Les lois de la pesanteur.

Cette nuit j'ai rêvé de la navette spatiale
Challenger
Et de ces sept âmes qui avaient relevé
le défi
J'ai vu la traînée de feu revenir
vers la Terre
N'épargnant aucune vie.
J'ai entendu ces mots :
    Il y a une vision secrète
    Que seul Dieu peut voir
    Restons là
    Sur Terre
    Et laissons les cieux où ils sont.
C'est alors que j'ai répondu :
    Lorsque nous essayons et échouons
    Et que nous osons essayer encore
    Quelque chose vit
    Au fond de notre cœur
    Quelque chose qui n'y était
    pas avant.
    Et lorsque nous nous dépassons
    Des mondes fantastiques apparaissent
    Nous touchons les portes du paradis
    Et Dieu nous invite à entrer.

Cette nuit j'ai vu des enfants en rêve
Ils croyaient qu'ils pouvaient voler
Ils voyageaient, et leur imagination
Les menait là-haut tout là-haut
Comme Icare,
Les âmes de Challenger
ne sont jamais mortes ou parties
Elles attendent toujours quelque part
Prêtes à encourager les enfants

Jack Presbury

Faire preuve de perspicacité

Pour déterminer si la peur à laquelle vous êtes confronté(e) est votre alliée ou votre ennemie, vous devez faire preuve de perspicacité et vous préparer à répondre à certaines questions épineuses.

Afin que vous compreniez mieux ce que je veux dire, appuyons-nous sur le questionnaire suivant :

1. Pensez à une décision à laquelle vous êtes confronté(e) et qui vous fait peur.

....

....

2. La peur présente-t-elle un danger pour vous sur le plan physique ? Si oui, de quelle manière ? Que pouvez-vous faire pour diminuer cette menace ?

....

....

3. La peur présente-t-elle un danger pour vous sur le plan émotionnel ? Si oui, de quelle manière ? Que pouvez-vous faire pour diminuer cette menace ?

....

....

4. Si vous décidez d'agir, quelles répercussions négatives sont à craindre ?

....

....

5. Si vous décidez d'agir, quelles répercussions positives sont envisageables ?

....

....

6. La peur est-elle réelle ou imaginaire ?

....

....

7. Qui peut vous aider à gérer votre peur ?

....

....

8. Qu'est-ce que votre intuition vous suggère de faire ?

....

....

9. Qu'est-ce que votre logique vous suggère de faire ?

....

....

10. Sur qui d'autre cette décision peut-elle avoir une incidence ?

....

....

> **Citation**
>
> « Je vais me tenir prêt et un jour ma chance viendra. »
>
> Abraham Lincoln.

Maintenant que vous avez répondu aux dix questions ci-dessus, je vous encourage vivement à ouvrir votre agenda et à noter de revenir sur chacune de ces questions dans deux jours. En effet, d'ici là votre subconscient aura eu le temps de travailler et il est probable que vous portiez un regard différent sur chacun des points.

Ne vous laissez pas intimider par la peur. Ne la laissez pas prendre le dessus sur vous mais essayez de l'apprivoiser. Par ailleurs, mieux vous saurez évaluer votre peur, plus vous saurez comment réagir, et plus votre décision sera facile à prendre.

Se préparer

Ce verbe vient du latin *praeparare,* qui se compose de deux mots, *prae* signifiant « avant » ou « d'avance », et *parare* voulant dire « apprêter ». En assemblant le tout, on obtient « apprêter d'avance » ou, en français, « préparer », « se tenir prêt ».

Le fait de se préparer à quelque chose peut avoir des conséquences considérables sur la vie quotidienne. En fait, « se préparer » présente un double avantage :

> **Paroles d'un sage**
>
> Le courage est la peur qui a dit ses prières.

1. Cela diminue la peur.

2. Cela augmente les chances de réussite.

Mais comment « se préparer » ? Il existe une multitude de façons de se tenir prêt(e), et nous nous contenterons d'en citer quelques-unes :

- S'entraîner.
- Faire ses devoirs.
- Anticiper les obstacles.

- Utiliser toutes les ressources dont on dispose (collègues, amis, famille, sites Internet, etc.).
- Apprendre en observant les autres.
- Regarder les choses sous un autre angle.
- Prier ou méditer.
- Se détendre, suivre une ligne de conduite et libérer la tension en soi.
- Écouter.

Nul ne peut développer une aptitude s'il n'y est pas préparé. La préparation est l'antidote de la peur et la clé de la réussite.

La réussite n'est pas une question de chance

Nombreux sont ceux qui affirment que si une personne réussit ce qu'elle entreprend, c'est qu'elle a de la chance. Pour ma part, je ne crois pas au facteur chance. Ma définition préférée de la chance est celle donnée par Elmer Letterman : « La chance, c'est lorsque la préparation et l'occasion se rencontrent. »

> **Paroles d'un sage**
>
> Être prêt diminue les risques, crée les occasions et augmente les chances de réussir.

Un concept intéressant, n'est-ce pas ? Ce que Letterman veut dire, c'est que la préparation a l'effet d'un aimant qui attire les occasions. Or plus les occasions sont nombreuses, plus vous avez d'options ; et plus vous avez d'options, plus la vie est productive. Plutôt que de les maudire, profitez de chacune des options qui s'offrent à vous.

Ce n'est pas la chance qui fait que vous allez réussir, c'est la manière dont vous êtes préparé(e). Alors n'attendez plus et préparez-vous dès aujourd'hui !

Lorsqu'une poule mouillée se transforme en un preux chevalier

« Poule mouillée, poule mouillée ! Je te défie de faire ça ! »

Cette interpellation vous rappelle de mauvais souvenirs ? Vous vous revoyez dans la cour de l'école entouré(e) de camarades voulant à tout prix vous pousser à faire quelque chose que vous refusez de faire – pour une raison ou pour une autre, mais le plus souvent parce que vous avez peur.

Pensez à ce qui se serait passé si, au lieu de vous traiter de poule mouillée, vos camarades de classe vous avaient qualifié(e) de preux chevalier et s'ils vous avaient encouragé(e) en vous disant : « Vas-y ! Tu peux le faire ! » Comme tout alors aurait été différent !

Mais revenons à ce qui nous intéresse. Il y a des moments où il nous faut dire « non », où nous devons écouter notre peur. La contrainte - manifeste ou déguisée - ne peut obliger quelqu'un à agir. C'est à vous d'estimer quelle part de risque vous êtes prêt(e) à prendre. La peur doit vous pousser à vous poser des questions, et votre décision dépend précisément des réponses que vous apporterez.

Citation

« La maturité n'est pas un état auquel on parvient du jour au lendemain. C'est une évolution continue qui ne dépend pas tant des années que de ce qui passe au fond de soi. »

Michael Drury.

Tout le monde aimerait être perçu comme un preux chevalier, d'autant que les avantages qui vont de pair avec ce titre ne sont pas négligeables. Mais attention ! Être un preux chevalier ne signifie pas agir de manière impulsive et sans se préoccuper des conséquences.

Une poule mouillée - *non*. Un preux chevalier - *peut-être*. Une personne qui prend ses décisions en toute connaissance de cause - *oui* !

Faire de la peur son alliée

Levez le poing, sortez de votre véhicule et passez à l'attaque !

Pendant des années, les chercheurs ont affirmé que les hommes peuvent se comporter de deux manières face à la peur : soit ils combattent, soit ils fuient. Dans les deux cas, les scientifiques font de la peur l'ennemie du genre humain. Même si je respecte profondément le travail des chercheurs, je tiens à dire qu'ils ont tort et que la peur n'est pas toujours notre ennemie. J'ajouterai que, face à la peur, une autre option que la fuite ou le combat s'offre à nous. En effet, rien ne nous empêche de faire de la peur notre alliée.

Pourquoi ?

- La peur peut être un catalyseur.
- La peur peut donner de l'énergie.
- La peur peut être formatrice.
- La peur peut favoriser la concentration.

La peur peut être un catalyseur

Paroles d'un sage

Ignore la peur et paie le prix.

La peur est un élément qui peut vous pousser à opter pour le changement. Elle vous invite à vous poser des questions primordiales telles que :

- Quelle est l'origine de cette peur ?
- Quel en est l'objet ?
- Est-elle réelle ou imaginaire ?
- Comment l'utiliser pour qu'elle tourne à mon avantage ?

La peur peut être un atout dans la mesure où elle vous permet soit de confirmer votre point de vue et de suivre une même ligne de conduite, soit d'opter pour le changement. Quelle que soit l'option choisie, l'essentiel est que le choix vous appartienne et que vous preniez votre décision en toute connaissance de cause.

La peur peut donner de l'énergie

Souvenez-vous de la dernière fois où vous avez eu peur. Que s'est-il passé sur le plan physiologique ? Les battements de votre cœur se sont-ils accélérés ? Avez-vous eu l'impression d'être sur le qui-vive ? Avez-vous eu une poussée d'adrénaline ? Si oui, sachez que tous ces symptômes sont la manifestation d'un regain d'énergie. Vous pouvez utiliser cette énergie soit pour mettre en place un changement positif, soit pour épuiser toutes les ressources qui sont en vous. Là encore, le choix vous appartient et dépend de votre volonté. Soit vous voulez prendre le dessus et garder le contrôle, soit vous baissez les bras et abandonnez la partie.

La peur peut être formatrice

On tire des leçons des situations heureuses comme des situations malheureuses. Mais on peut tout aussi bien tirer des leçons des situations qui font peur. En fait, la peur est l'une des émotions dont nous pouvons tirer le plus de leçons - à condition de le vouloir. Quelles sont les situations qui vous effraient ? Comment réagissez-vous ? Pourquoi ? Utilisez les réponses à ces questions pour affronter la peur de manière positive.

La peur peut favoriser la concentration

Prenez cinq livres sur l'art oratoire - n'importe lesquels. Cherchez le mot « peur » dans l'index. Vous trouverez dans chacun des ouvrages nombre de citations prouvant que même les plus grands orateurs éprouvent de la peur lorsqu'ils prennent la parole. Ce qui est étonnant, c'est qu'ils n'y renonceraient pour rien au monde parce que la peur les aide à rester vigilants, à être plus performants et plus concentrés. Sans elle, leur discours serait moins percutant et moins convaincant. La peur teinte leurs paroles de professionnalisme. Elle leur permet de montrer le meilleur d'eux-mêmes et les aide à se concentrer. Inspirons-nous de leur expérience et au lieu de tout faire pour nous débarrasser de la peur, utilisons-la pour influencer de manière positive les différents aspects de notre vie.

Ce que vous devez retenir

- → La peur peut être une amie ou une ennemie.
- → Prenez le dessus sur la peur, ne la laissez pas avoir le dessus sur vous.
- → Tirez des leçons de votre propre peur.
- → Utilisez la peur afin de mettre en place des actions positives.

QCM

1 – Quel est le premier réflexe que l'on a généralement face au changement ?

❑ **A** - la résistance
❑ **B** - l'acceptation
❑ **C** - l'ignorance

2 – Quel insecte a une mentalité contre laquelle il faut lutter ?

❑ **A** - le scarabée-rhinocéros
❑ **B** - la chenille processionnaire du pin
❑ **C** - la punaise arlequin

3 – Lequel est un catalyseur important du changement ?

❑ **A** - la fatigue
❑ **B** - le malaise
❑ **C** - le stress

4 – À quelle fréquence devons-nous avoir le droit de commettre des erreurs ?

❑ **A** - jamais
❑ **B** - le moins souvent possible
❑ **C** - tous les jours

5 – Lorsque l'on s'apprête à courir un risque, que faut-il faire ?

❑ **A** - foncer !
❑ **B** - consulter son entourage
❑ **C** - ne pas trop se poser de questions

6 – Quel élément est à prendre en considération lorsqu'on s'apprête à prendre un risque ?

❑ **A** - la compétence
❑ **B** - la responsabilité
❑ **C** - les outils

7 – Sur quoi les excuses débouchent-elles en général ?

❑ **A** - une remise en question
❑ **B** - le réconfort
❑ **C** - la médiocrité

8 – Quel est le point commun à toutes les excuses ?

❑ **A** - la peur
❑ **B** - le manque d'estime de soi
❑ **C** - la méfiance

9 – Comment augmenter ses chances de réussite et diminuer la peur ?

❑ **A** - en se fixant une ligne de conduite
❑ **B** - en se préparant
❑ **C** - en ne pensant qu'à l'objectif à atteindre

10 – En quoi la peur peut-elle être positive ?

❑ **A** - elle donne de l'énergie
❑ **B** - elle peut être formatrice
❑ **C** - elle peut favoriser la concentration

Réponses

1 : A - 2 : B - 3 : B - 4 : C - 5 : B
6 : A et C - 7 : C - 8 : A - 9 : B
10 : A, B et C

Nombre de bonnes réponses ❑

Si vous avez au moins 8 bonnes réponses, passez au chapitre suivant, sinon... faites quelques révisons !

Partie

3 Éprouver et exprimer ses émotions

L'amour ! Tout le monde en parle mais nombreux sont ceux qui perdent de vue ce que cela signifie vraiment. L'objectif de cette partie est de vous faire réfléchir sur ce qu'est l'amour inconditionnel – celui qui va au-delà d'une simple passade au profit d'une relation plus profonde. De la même façon, vous pouvez entretenir une relation plus intense avec tous les aspects de votre vie. Pour cela, il suffit d'apprendre à apprécier chaque moment. En accordant plus d'attention au présent, vous vous rendrez compte à quel point le passé pèse sur vous et vous comprendrez qu'il est sage de le laisser où il est, de faire la paix avec autrui et de se pardonner à soi-même.

Chapitre 7

Amour : un petit mot qui en dit long

Dans ce chapitre

- → Découvrir le pouvoir de l'amour inconditionnel
- → Passer du sabotage d'une relation à son amélioration
- → Contrôler les réalités relationnelles
- → L'intimité *vs* l'entichement
- → Des amitiés fantastiques

Les mots de cinq lettres, ce n'est pas ce qui manque... On en entend partout - à la radio, à la télévision, sur le grand écran. Certains ont un sens positif, d'autres ont un sens négatif.

Mais il y en a un qui se situe au-dessus de tous les autres. On le crie du haut des collines, il dévale les cours d'eau et résonne dans les vallées escarpées. Ce mot à la fois simple et complexe est « amour ».

Il est plus utilisé dans les chansons et les poèmes que n'importe quel autre mot. C'est lui qui est écrit sur les billets doux qui circulent de main en main dans les salles de classe, et c'est encore lui qui figure sur les pierres tombales. Parmi toutes les expériences vécues par les hommes, il constitue la plus concrète mais aussi la plus indéfinissable. L'amour est le phénomène humain le plus puissant bien qu'il soit empreint de mystère.

Les différentes manières d'aimer

Nous n'avons pas tous la même conception de l'amour. Il y a de fortes chances pour que certaines des affirmations suivantes ne vous soient pas étrangères :

- « Je t'aimerai si tu m'offres une bague avec un diamant. »
- « Je t'aimerai si tu as des "Très bien" à tes contrôles. »
- « Je t'aimerai si tu pars vivre à la montagne avec moi. »
- « Je t'aimerai si tu couches avec moi. »

Les « Je t'aimerai si... » sont des démons qui ont un effet néfaste sur les relations. Ils constituent les acteurs principaux d'un amour conditionnel.

Amour conditionnel : deux mots qui ne vont pas ensemble

Il est probable que celui qui a inventé le terme « oxymore » se soit inspiré de son vécu. Il faisait sans aucun doute référence à une histoire personnelle. Il ne s'était pas encore remis d'une relation qu'il pensait être le véritable amour mais qui se disloquait peu à peu. Ce que le pauvre homme (ou la pauvre femme !) a découvert, c'est que cet amour auquel il (ou elle) croyait reposait en fait sur des « peut-être » – un contrat informel fait de « Je t'aimerai si... ». Que pouvait-il (-elle) en tirer ? Au mieux, un amour superficiel. Désespéré(e), il (ou elle) créa le premier oxymore : l'amour conditionnel.

Paroles d'un sage

Si votre relation amoureuse repose sur des conditions (« Je t'aimerai si... »), sachez que cette relation est en danger. Un amour véritable ne peut qu'être inconditionnel.

Un amour véritable n'est pas soumis à des conditions. Il s'agit de l'union de deux êtres qui créent un environnement dans lequel tous deux peuvent s'épanouir à la fois en tant que couple et en tant qu'individus, où ils peuvent exprimer ce qu'ils ressentent en toute intégrité et avec franchise, où chacun se préoccupe de l'autre et où les deux bénéficient de la relation. L'amour est l'épanouissement suprême.

Saboter une relation

Un amour conditionnel est l'une des caractéristiques d'une relation en péril. Or il peut s'exprimer de différentes manières. Nous avons résumé ci-après dix manières de mettre à coup sûr un terme à une relation :

1. Ne pas s'autoriser à être vulnérable.
2. Ne pas savoir comment renouer les liens.
3. Ne pas évoluer de la même manière (nouvelles valeurs, nouvelles croyances).
4. Se préoccuper uniquement de son propre épanouissement.
5. Considérer que l'autre fait partie du décor.
6. Sacrifier son identité au profit de l'autre.
7. Ne pas se fixer les mêmes buts dans la vie.
8. Se concentrer sur le « moi » et faire abstraction du « nous ».
9. Prendre le dessus sur l'autre.
10. Étouffer l'autre (au propre comme au figuré...).

Trouver un compromis

Les relations amoureuses sont un aspect fascinant de la vie pour celui qui étudie les contradictions. En effet, elles sont à l'origine de sentiments paradoxaux : clarté et confusion, extase et dépression, adulation et rejet.

Vous pensiez que votre relation amoureuse allait être une partie de plaisir ? Erreur !

Les relations amoureuses font naître en nous des sentiments conflictuels qui donnent parfois lieu à des paroles tout aussi conflictuelles, voire totalement contradictoires. Comment concilier les affirmations contradictoires figurant ci-après ?

Passer à l'action

Choisissez dans cette liste un élément correspondant à votre situation. Soyez honnête ! Puis engagez-vous à changer votre comportement. Fixez-vous un objectif et agissez en conséquence.

- Il est possible d'établir une bonne relation qui dure.
- Faire en sorte qu'une relation amoureuse ne s'altère pas au fil du temps est la tâche la plus difficile que vous aurez à mener.

- Les kilomètres n'ont jamais réussi à séparer un couple qui s'aime.
- Il est facile de laisser la distance détruire peu à peu une relation amoureuse.

- Nous serons toujours amoureux.
- Les amoureux sont comme la marée, ils vont et ils viennent.

Paroles d'un sage

Rien n'est plus mystérieux que l'amour : pour en recevoir, vous devez en distribuer.

- L'amour signifie ne jamais avoir à dire que vous êtes désolé(e).
- L'amour implique de devoir toujours dire que vous êtes désolé(e).

- Je lis en toi comme dans un livre.
- Je ne parviendrai jamais à te comprendre.

- Tu seras toujours la personne que j'ai épousée.
- Tu es si différent(e) de la personne que j'ai épousée.

- Dans une bonne relation, les deux partenaires ne font qu'un.
- Dans une bonne relation, les deux partenaires gardent leur individualité.

Si vous avez réussi à concilier ces différents aspects, vous méritez votre diplôme de conseiller en affaires conjugales : il ne vous reste plus qu'à acheter un divan et à accrocher une plaque sur votre porte !

Malheureusement, la réalité veut que, devant ce genre de contradictions, nous ressentions souvent de la frustration et que nous nous demandions à quoi bon nous impliquer dans une relation amoureuse. Il serait facile de dire « Non merci, je ne suis pas intéressé(e) », mais, ce faisant, vous risquez de passer à côté de l'un des aspects les plus riches de votre vie. Alors plutôt que de jeter l'éponge, voyons ce que vous pouvez faire.

Citation

« L'amour réciproque [...] est celui qui met en jeu l'inhabitude dans la pratique, l'imagination dans le poncif, la foi dans le doute, la perception de l'objet intérieur dans l'objet extérieur. »

André Breton et Paul Eluard.

Dix solutions pour améliorer une relation amoureuse

Pour vous aider à vous y retrouver parmi toutes ces contradictions qui mettent en péril votre relation amoureuse, je vous propose dix solutions qui vous seront utiles :

1. Renforcer votre relation en vous autorisant à être vulnérable.
2. Faire en sorte que votre relation ne soit pas figée, et apporter des éléments nouveaux au quotidien.
3. Accepter que votre conception de la vie change.
4. Informer votre partenaire de vos projets et l'impliquer.
5. Ne jamais penser que l'autre fait partie du décor.

6. S'épanouir à deux mais aussi individuellement.

7. Ne pas fonder votre relation sur des conditions. Une relation amoureuse se doit d'être inconditionnelle.

8. Accorder plus de valeur au « nous » qu'au « je ».

9. Prendre toutes les décisions à deux.

10. Trouver un équilibre afin d'être proche sans empiéter sur le territoire de l'autre.

Établir une relation amoureuse : un travail de longue haleine

Une relation amoureuse est l'exemple même d'une évolution perpétuelle : elle change d'un instant à l'autre en fonction du vécu. Ce sont ces changements qui rendent la relation plus excitante et plus épanouie (même si parfois l'idée d'un changement fait peur).

> **Paroles d'un sage**
>
> Les relations amoureuses ne stagnent jamais vraiment, elles se flétrissent peu à peu et finissent par mourir.

Lorsque vous unissez votre vie et vos expériences à celles d'une autre personne, vous partez vers l'inconnu et vous vous aventurez dans un monde qui vous permettra de vous découvrir l'un et l'autre et de vous épanouir. Ce faisant, vous allez passer par différentes étapes. La vie est une palette de couleurs, mais le tableau que vous allez peindre dépend uniquement de vous et de vos expériences. C'est vous qui allez marier les couleurs pour créer ce qui sera votre chef-d'œuvre.

> **Paroles d'un sage**
>
> Contrairement à la croyance populaire ou à votre désir, vous ne pouvez pas changer une personne. Vous ne pouvez que changer votre personnalité. Lorsque vous aurez conscience de cela et que vous accepterez votre part de responsabilité, vous verrez la magie opérer dans votre vie, même si le résultat n'est pas toujours ce à quoi vous vous attendiez.

Les relations amoureuses évoluent. Nul n'y peut rien. Elles s'améliorent ou empirent, mais elles ne restent jamais telles quelles. Elles font penser à des montagnes russes avec des hauts et des bas. Prenez l'exemple d'une de vos histoires amoureuses - passée ou présente - et essayez de répondre aux questions suivantes :

- Y a-t-il eu plus de hauts que de bas, ou est-ce le contraire ?

- Avez-vous été plus souvent heureux (-euse) ou malheureux (-euse) ?
- Qu'avez-vous fait pour qu'il y ait plus de hauts que de bas ?
- Pourquoi avez-vous laissé les choses en l'état ?

Vous changez, la personne que vous aimez change. Pour que ces changements aient une incidence positive sur votre relation, vous devez en parler avec l'autre. En partageant avec lui, vous affichez clairement qui vous êtes et ce qui est important pour vous. Vous ouvrez la porte afin que la personne que vous aimez puisse partager à son tour avec vous. Communiquer permet d'échapper à ce scénario trop fréquent qui fait qu'un beau matin, après quinze ou vingt ans de vie commune, vous vous tournez dans votre lit pour regarder votre partenaire et vous lui dites : « Mais qui es-tu ? »

Citation

« L'amour, c'est l'espace et le temps rendus sensibles au cœur. »

Marcel Proust.

Trouver le juste milieu

Donnez/prenez. Accrochez-vous/laissez aller. Accordez de la liberté/restreignez. Toutes ces associations de mots ont un point commun : la tension. Ce mot a généralement une connotation négative, mais un certain degré de tension est en réalité un élément essentiel qui permet d'évoluer. *A contrario*, trop de tension peut faire craquer. Vous seul(e) êtes à même de définir le niveau de tension qui est acceptable pour vous.

Vous devez donner et prendre. Vous devez vous accrocher et laisser aller. Vous devez accorder de la liberté et restreindre. Trouver le juste milieu n'est pas donné à tout le monde et demande une certaine compétence. Comment connaître vos limites ? Voici quelques conseils susceptibles de vous aider :

- De temps à autre, prenez du recul et posez-vous les questions suivantes : « Est-ce que je donne trop ou pas suffisamment ? Est-ce que je sais trouver le juste milieu ? » Faites de même avec les deux autres associations de mots.
- Demandez à votre cher (-ère) et tendre : « Est-ce que je donne trop ou pas assez ? Est-ce que j'ai trouvé le juste milieu ? »

Il s'agit des mêmes questions mais elles ne s'adressent pas à la même personne, ce qui fait toute la différence. Sachez que vous devez en passer par là si vous voulez vraiment que votre relation fonctionne, même si votre premier réflexe est de vous dire : « Je ne peux pas demander ça. »

Une dose d'inspiration

« Comme une danse, une bonne relation amoureuse repose sur un certain nombre de règles. Les partenaires n'ont pas besoin de se tenir serrés l'un contre l'autre, car ils se déplacent au même rythme d'un pas assuré, alerte, vif et rapide. Se serrer l'un contre l'autre risquerait d'arrêter leur progression, d'entraver leurs mouvements et d'altérer la beauté perpétuellement changeante de leur déploiement. Ici, aucune place pour une emprise possessive, un bras qui s'agrippe, une main qui pèse. Seul un toucher léger en passant est autorisé. Enlacés, face à face, dos à dos – peu importe. Tous deux savent qu'ils sont des partenaires qui vont dans la même direction et au même rythme, créant une danse dont ils se nourrissent l'un et l'autre. »

Anne Morrow Lindbergh.

Ne pas se contenter d'une passade

« Vous l'avez vue ? Comme elle est belle ! »

« C'est un beau mec ! »

« Tu crois qu'il gagne combien ? »

« Elle est si forte, si dynamique ! »

C'est ainsi que l'on s'entiche d'une personne : tout commence par un pincement au cœur. On succombe à une silhouette, à un pouvoir, à un prestige, à un charme ou à des ressources matérielles.

Être entouré de personnes ayant ces attributs est souvent excitant. Toutefois les sentiments éprouvés sont imputables à un simple entichement et non à l'amour.

Certes, il arrive que certaines relations ayant commencé de cette manière se transforment en une relation amoureuse, mais celle-ci ne peut pas reposer uniquement sur une passade qui n'est que superficielle : deux personnes se

Passer à l'action

Un peu d'introspection ne nuit pas ! Réfléchissez à votre dernière histoire d'amour ou à celle que vous vivez en ce moment. Est-elle fondée sur un amour irraisonné ou sur un amour vrai ? Soyez objectif (-ive) et honnête avec vous-même et tirez les conclusions qui s'imposent.

rapprochent mais leur relation est privée de substance. S'enticher de quelqu'un repose sur des perceptions, non sur des réalités, alors qu'une relation forte s'appuie sur la personnalité des deux êtres impliqués. Elle se développe lorsque vous laissez l'autre découvrir votre personnalité, et *vice versa*. Elle est fondée sur des émotions, des valeurs, des croyances et des intérêts – non sur des perceptions qui se limitent à l'aspect extérieur de l'individu.

L'intimité : rien de personnel

Le terme « intimité » implique souvent celui de « relations sexuelles ». Or le fait de donner à l'intimité une connotation physique est quelque peu restrictif.

L'intimité est la réunion de deux âmes pour une durée limitée ou pour la vie entière ; elle favorise la communication et la compréhension entre les deux partenaires. On mesure le degré d'intimité par l'estime et le respect inconditionnels que l'on porte à l'autre.

Citation

« Lorsque la satisfaction et la sécurité d'une autre personne deviennent aussi importantes pour vous que votre propre satisfaction et votre propre sécurité, alors l'amour existe. »

Harry Stack Sullivan.

Le gardien de l'intimité est la confiance qui favorise, fait perdurer et renforce l'intimité entre deux êtres. Même si la confiance repose sur la réciprocité, n'hésitez pas à être le (la) premier (-ère) à montrer que vous avez confiance. Ce faisant, vous ouvrirez la porte à une relation plus épanouissante et vous créerez un environnement propice à une intimité encore plus grande.

L'amitié : une composante essentielle de la vie

Où commence l'amitié ? Lors d'une conversation nocturne à l'internat ? autour d'un verre ? sur les bancs d'une salle de classe ? durant la préparation d'une cérémonie, dans une église ou une synagogue ?

Paroles d'un sage

Vos vrais amis sont les personnes avec lesquelles vous pouvez parler sans retenue même après une longue absence. Comme par magie, l'amitié fait abstraction du temps et de la distance. Vous reprenez là où vous en étiez restés, comme si les jours et les kilomètres ne vous avaient jamais séparés.

Une dose d'inspiration

L'essence de l'amitié
Oh ! le réconfort, l'inestimable réconfort
De se sentir en sécurité avec un ami ;
De n'avoir jamais à mesurer ses pensées
Ou peser ses mots
Mais les laisser jaillir spontanément,
Paille et chagrin ensemble,
Sachant que sa main fidèle les tamisera,
Gardera ce qui en vaut la peine et,
Dans son immense bonté,
Soufflera le reste au vent

Dinah Maria Mulock Craik.

L'amitié est un ingrédient essentiel qui donne de la saveur et une belle texture au soufflé de la vie. Mais le soufflé ne réussit pas toujours. Parfois il s'effondre, brûle ou a un mauvais goût. Les amis sont toujours là pour nous aider à surmonter ces déceptions. Ils nous réconfortent, nous étreignent ou nous tendent la main. Ils acceptent de voir couler nos larmes qu'ils essuient au fur et à mesure. Ils nous apportent la force dont nous avons besoin.

Les amis nous pardonnent lorsque nous agissons sans réfléchir. Ils nous nourrissent lorsque nous sommes épuisés sur le plan émotionnel. Ils nous remettent dans le droit chemin lorsque nous sommes perdus. Ils nous disent toujours la vérité (parfois même lorsque nous ne voulons pas l'entendre).

Passer à l'action

Téléphonez, écrivez ou rendez visite à votre meilleur(e) ami(e) et dites-lui combien il (elle) compte pour vous. Vous illuminerez sa journée ainsi que la vôtre.

1. Qui est votre meilleur(e) ami(e) ?

....

....

2. Quelles sont les quatre qualités qui le (la) décrivent le mieux ?

a. ....

b. ....

c. ....

d. ....

3. Qu'aimez-vous le plus chez cette personne ?

....

....

4. Quel est votre meilleur souvenir avec cet(te) ami(e) ?

....

....

5. Qu'est-ce que cette amitié a changé dans votre vie ?

....

....

6. Que faites-vous pour que cette amitié grandisse ?

....

....

Les amis sont toujours là pour vous, même lorsque vous faites un faux pas. Ils partagent vos joies et vos chagrins, les hauts et les bas. Ils vous acceptent tel(-le) que vous êtes, avec votre nouvelle couleur de cheveux, vos kilos en trop, vos défaites et vos succès. L'amitié est une entreprise difficile mais qui mérite d'être vécue. Alors jetez-vous à l'eau !

Ce que vous devez retenir

→ L'amour inconditionnel est le plus fort.

→ Nourrir une relation amoureuse est la tâche la plus difficile que vous aurez à remplir.

→ L'intimité est l'union de deux âmes, non de deux corps.

→ Ne confondez pas s'amouracher de quelqu'un et aimer.

→ Si vous cultivez l'amitié, les graines porteront leurs fruits.

Chapitre

8

Ralentir, s'émerveiller, vivre chaque instant

Dans ce chapitre

- → L'urgence est-elle une alliée ou une ennemie ?
- → La dernière conversation
- → Les stages de la vie
- → De l'ignorance à la connaissance : des périodes de transition successives

Vous ne venez pas de passer à côté de n'importe quelle fleur. C'est un pélargonium avec un nombre défini de pétales, un nom particulier, une couleur précise, un parfum spécifique. Le pélargonium est le terrain de jeu particulièrement apprécié d'une multitude d'espèces d'insectes. Lorsque vous êtes passé(e) à côté de cette fleur, vous n'avez pas remarqué tout ça, n'est-ce pas ? Votre esprit a enregistré que vous aviez posé votre regard sur une « fleur » en tant que terme générique. Vous étiez si pressé(e) que vous ne l'avez pas vraiment vue. Arrêtez-vous et respirez l'odeur de ce pélargonium.

L'urgence peut être une ennemie

Pour chacun de nous, l'urgence figure au nombre de nos ennemis. Lorsque notre vie devient trépidante, nous commençons à ne plus voir les merveilles qu'elle nous offre. Bien sûr, nous faisons tous attention aux plus visibles et aux plus spectaculaires - par

> **Paroles d'un sage**
>
> Les papillons ne comptent pas en mois mais en jours et pourtant ils ont suffisamment de temps.

exemple, une éclipse –, mais nous passons à côté de la plupart d'entre elles. Nous sommes tout simplement trop occupés pour les identifier ou les reconnaître.

Les enfants peuvent nous donner des leçons en la matière. Avez-vous déjà regardé un enfant examiner un insecte ? Avez-vous déjà observé un enfant faire des bulles de savon puis demeurer fasciné, les yeux rivés sur ces bulles transparentes et multicolores qui s'élèvent dans les airs ? Les enfants savent s'émerveiller. L'urgence n'est pas leur ennemie. Elle n'est ni une contrainte ni une limite.

Vivre tant qu'on est vivant

Lors d'une conférence à laquelle j'ai assisté, Bernie Siegel, chirurgien et écrivain de renom, nous a révélé les paroles empreintes de sagesse de l'un de ses patients, un enfant souffrant d'un cancer : « Nous avons besoin de vivre aujourd'hui, demain, de vivre tant qu'on est vivant. » L'enfant a dit vrai : vivre pendant qu'il en est encore temps est le plus grand cadeau que vous puissiez vous faire. Profiter de chaque instant et vivre dans le présent promet des lendemains merveilleux et un avenir formidable. Au contraire, ne pas vivre l'instant présent diminue les chances de connaître des lendemains heureux.
Une fois encore, le choix vous appartient.

> **Paroles d'un sage**
>
> Les petits esprits s'intéressent aux sujets extraordinaires, les grands esprits aux banalités.

La dernière conversation

Posez-vous un instant et essayez de vous souvenir de la dernière conversation que vous avez eue. Elle remonte peut-être seulement à cinq minutes. Avez-vous accordé toute votre attention à la personne avec laquelle vous parliez ? Vous êtes-vous investi(e) dans la conversation ? Avez-vous tiré le maximum de cet échange ?

Qu'est-ce qui aurait été différent si vous vous étiez dit que cette conversation était peut-être la dernière ? Une phrase pleine de sagesse, lue il y a plusieurs années, me reste en mémoire : « Adresse-toi aux personnes qui t'entourent comme si tu leur parlais pour la dernière fois. » Quelles seraient les conséquences sur votre conversation et sur votre relation avec vos interlocuteurs ? Vos échanges auraient sans aucun doute été de bien meilleure qualité. Vous vous seriez dispensé(e) d'un « bla-bla » superficiel pour vous concentrer sur des propos sérieux susceptibles d'améliorer votre relation.

Passer à l'action

Combien donneriez-vous pour voir un coucher de soleil si vous pouviez n'en voir qu'un seul dans votre vie ? Pourquoi vous dire qu'il y aura d'autres couchers de soleil ? Regardez celui qui se produit sous vos yeux.

Vous avez peut-être envie de rétorquer : « Ce concept est intéressant mais ne peut en aucun cas être mis en pratique. Je ne peux pas, à chaque fois que je parle avec quelqu'un, faire comme si c'était notre dernière conversation. »

Vous n'avez pas tort, mais je me permets d'insister si cela peut vous pousser à faire attention au ton que vous employez et à déterminer avec qui vous devez absolument avoir une vraie conversation. Votre temps et votre énergie vous appartiennent, alors demandez-vous comment vous voulez les utiliser. Passez du temps avec les personnes qui sont positives, celles qui vous communiquent de l'énergie (et non qui vous la prennent), celles qui vous donnent de l'inspiration et qui vous aident à vous épanouir. Si vous leur consacrez du temps, vous voudrez avoir une vraie conversation ensemble. L'idée de la « dernière conversation » peut être un catalyseur qui vous permettra de décider avec qui vous voulez parler en priorité et de quelle manière.

Une dose d'inspiration

La vie est éternelle

Je suis sur le rivage. Devant moi, un bateau déploie ses voiles qui se gonflent sous la brise matinale et il avance dans l'océan couleur azur. Le bateau est le symbole même de la beauté et de la puissance. Mes yeux le suivent jusqu'à ce qu'il ressemble à un nuage blanc, là où le ciel et l'eau ne font qu'un. C'est alors qu'une personne à mes côtés dit : « Voilà. Il est parti. »

Parti où ? Le bateau est hors de ma vue – c'est tout. Son mât et sa coque sont aussi gros que lorsqu'il était sous mes yeux et il est toujours capable de mener ses passagers à destination. Sa petite taille vient de ma perception. Pour lui rien n'a changé. Et alors qu'une voix près de moi dit : « Voilà. Il est parti », d'autres yeux le regardent s'approcher et une voix dit joyeusement : « Il arrive. »

S'inscrire aux stages de la vie

Pensez à votre enfance. Vous souvenez-vous lorsque les adultes vous posaient cette question : « Que veux-tu faire quand tu seras grand ? » Vous répondiez « professeur, policier, médecin, avocat, danseur, pompier, président de la République… ». C'était il y a bien

Paroles d'un sage

Ce ne sont pas les heures qui comptent, c'est ce que vous faites de ces heures.

longtemps. Vos rêves et l'image que vous vous faisiez de la vie étaient alors différents de ceux que vous avez aujourd'hui.

Certains d'entre nous essaient toujours de savoir ce qu'ils feront lorsqu'ils seront « grands ». Répondre à cette question n'est pas facile, d'autant que nous vivons dans une société en perpétuelle évolution. Nous ne choisissons plus un métier pour toute la vie. Combien de postes avez-vous déjà occupés depuis que vous êtes entré(e) dans la vie active ? Combien en aurez-vous avant votre retraite ?

Le monde du travail change sous nos yeux, tant en ce qui concerne la manière de travailler que la nature même du travail – ce qui explique que je me considère comme un éternel stagiaire.

Tous les postes que vous occupez vous fournissent des pièces supplémentaires afin de compléter le puzzle qu'est votre vie. Chaque nouvelle expérience vous donne l'occasion de grandir et de vous épanouir. Le défi que vous devez relever est d'arriver à saisir chacune de ces opportunités.

La vie est précieuse, mais nombre d'individus se traînent lamentablement jour après jour et accomplissent leur travail sans la moindre motivation. Ce genre d'état d'esprit ne peut que pousser à la passivité. Il suffirait que ces personnes ne subissent plus leur vie mais qu'elles la contrôlent pour qu'elle devienne aussitôt plus riche.

La vie est un cadeau, et c'est à vous de trouver le travail qui saura vous combler et qui vous permettra de vous épanouir. Je fais régulièrement le test suivant afin de faire le point sur mon travail. Je vous conseille vivement de m'imiter et de répondre à ces questions :

1. Est-ce que mon travail est utile ?

2. Est-ce qu'il me permet d'apprendre quelque chose de nouveau ?

3. Ai-je du plaisir à travailler ?

J'ai besoin que ce que je fais serve à quelque chose. J'ai besoin d'apprendre. J'ai besoin d'aimer ce que je fais. Si l'un de ces trois critères n'était pas rempli, je saurais qu'il est temps pour moi de passer à autre chose.

Pour les matheux, j'ai mis au point une formule qui résume ce que je veux dire :

Servir à quelque chose × connaissances × plaisir = épanouissement dans son travail.

Il suffit qu'un seul élément multiplicateur soit égal à 0 pour que le produit soit égal à 0, ce qui prouve que tous les facteurs doivent être réunis.

Se préparer à passer à autre chose

Les emplois sans perspective d'avenir n'existent pas. Chaque emploi que vous occupez est une étape. Je pense pouvoir dire sans trop m'avancer qu'il n'y a pas de travail qui ne soit digne d'intérêt - quel qu'il soit. Mais attention ! il ne faut pas confondre « être digne d'intérêt » et « positif ». Très souvent, les enseignements que nous tirons d'une expérience professionnelle ne sont pas positifs. Or cette expérience nous apprend néanmoins quelque chose dans la mesure où elle nous permet de dire quel travail nous ne voulons pas faire ou quel comportement nous refusons d'imiter. Cet emploi, quel qu'il soit, nous aide à clarifier nos pensées, nos valeurs et nos aspirations. Par ailleurs, lors de chaque nouvelle expérience, nous développons des aptitudes et nous nous découvrons de nouveaux talents. La personne que vous êtes aujourd'hui est constituée de différents morceaux de vie qui se sont assemblés au fil du temps pour vous construire.

Faites le point sur votre activité professionnelle :

1. Actuellement je suis... (mère au foyer, étudiant, chômeur, avocat, etc.).

....

....

2. Grâce à cela, j'ai pu développer les compétences suivantes :

....

....

3. S'il y a une chose qui ne me plaît pas dans ce travail et que je refuse de faire, c'est :

....

....

4. Les expériences qui m'ont conduit(e) là où j'en suis aujourd'hui sont :

....

....

5. Grâce à ce que je fais aujourd'hui, je peux espérer faire/devenir :

....

....

6. Les trois facteurs qui expliquent que ce que je fais actuellement n'est qu'un passage dans ma vie sont :

....

....

....

Profiter de tous les enseignements

Votre réveil sonne annonçant le début d'une nouvelle journée. À l'horizon, le soleil vous salue. Vous sortez peu à peu de votre torpeur et vous pensez à ce que vous allez faire dans les prochaines heures. Après une douche et une tasse de café avalée en feuilletant le journal, vous partez travailler – ou plutôt, vous vous rendez à l'école. Oui, j'ai bien dit « l'école », car c'est là que vous allez. Votre lieu de travail n'est ni plus ni moins qu'une salle de classe dans laquelle, jour après jour, vous apprenez de nouvelles choses.

Paroles d'un sage

La vie n'est qu'une succession d'étapes. Vous faites un stage, puis un autre, et encore un autre. La remise des diplômes a lieu le jour où votre mission sur Terre est remplie.

Paroles d'un sage

J'ai toujours su qu'un jour je rirais en pensant aux mauvais moments du passé, mais je ne me doutais pas que je pleurerais en pensant aux bons moments.

Si je compare le lieu de travail à une salle de classe c'est parce que cet endroit vous permet de développer de nouvelles connaissances aussi diverses que variées :

- de nouvelles compétences,
- le fonctionnement d'une entreprise,
- la découverte de soi,
- la découverte des autres,
- la découverte de l'industrie,
- les rapports qui existent entre une petite entité et la société dans son ensemble,
- les impôts (ce n'est pas le plus drôle),
- les relations entre les individus,
- la prise de responsabilité, la gestion des finances, etc.

Je vous l'accorde, le programme est chargé. Vous n'en aviez pas conscience, n'est-ce pas ?

Changer de mentalité

Si au lieu de dire « je vais travailler » vous dites « je vais apprendre », vous aurez plus de chances de vous épanouir et de passer une bonne journée. En échangeant avec des personnes qui réussissent, on s'aperçoit souvent qu'elles ont un besoin incessant d'apprendre. Elles s'entourent de livres et de professeurs et profitent de toutes les expériences. Leur soif de connaissances est intarissable. Plus elles apprennent, plus elles veulent apprendre, ce cercle vertueux se renforçant au fil de la vie.

Je vous propose de faire le test suivant : chaque soir, lorsque vous rentrez du travail, demandez-vous ce que vous avez appris dans la journée. Posez-vous la question durant deux semaines consécutives et notez chacune des réponses. Il y a fort à parier qu'au terme de l'expérience vous ayez envie de continuer et, peu à peu, faire le point en fin de journée fera partie de vos habitudes. Vous attendrez avec impatience le moment où vous passerez en revue votre journée, et vous vous apercevrez que vous faites tout pour que chaque jour de travail soit plus riche et plus formateur que le précédent.

Sans attendre, passez en revue la journée qui s'achève.

Aujourd'hui, j'ai appris...

....

....

Bravo ! il ne vous reste plus qu'à faire de même durant treize jours !

Pour que cette expérience soit encore plus enrichissante, demandez-vous chaque matin : « Qu'est-ce qui va faire qu'aujourd'hui je serai meilleur(e) qu'hier ? » Vous ne pourrez que vous étonner des répercussions que ce type de pensée peut avoir sur votre travail !

Le mystère des transitions

Imaginez le scénario suivant : vous suivez un sentier parsemé de racines et de rochers bordé par une végétation luxuriante. Les feuilles des arbres laissent passer les rayons du soleil qui irradient le sol de la forêt. Un rocher attire votre regard : une peau de serpent y est posée, qui contraste étonnament avec la texture de la pierre. Les motifs très élaborés semblent avoir été peints à la main sur la peau translucide abandonnée par un reptile qui commence une autre phase de sa vie.

Êtes-vous comme les serpents ? Avez-vous déjà changé de peau ? Bien sûr que oui ! Nous l'avons tous fait. La vie n'est qu'une suite de périodes de transition de la naissance à la mort :

- les choix et les changements de carrière,
- les structures familiales,
- les déménagements,
- les valeurs et les croyances.

De l'ignorance à la connaissance

Paroles d'un sage

La vie n'est qu'une succession de périodes de transition qui ont plus ou moins d'ampleur.

Les transitions permettent de passer de l'ignorance à la connaissance ; elles impliquent que vous vous sentiez prêt(e) à traverser ce pont fictif afin de découvrir d'autres richesses. Cela paraît facile, n'est-ce pas ? Mais vous est-il déjà arrivé de ne regarder que le côté négatif de la transition en ne considérant que le gouffre et non le pont ? La plupart des individus feraient tout pour ne pas renoncer à leur sécurité.

Ne pas se fier aux apparences mais voir ce qui est à portée de la main

Le texte suivant a été écrit par Sheldon Kopp, thérapeute et écrivain de renom.

« La connaissance et la liberté qu'elle confère sont toujours à portée de main, mais les efforts que nous faisons pour attraper ce que nous cherchons peuvent nous empêcher de découvrir ce qui est déjà là. Il y a cet homme qui imagine être emprisonné. Il se tient debout à l'extrémité d'une petite pièce sombre et nue. Il est sur la pointe des pieds et lève les bras pour s'accrocher à la petite fenêtre à barreaux qui est *a priori* la seule source de lumière. Lorsqu'il s'agrippe aux barreaux pour se hisser vers la fenêtre et qu'il tourne la tête, il aperçoit la lumière du soleil. Cette lumière est son seul espoir. Un espoir qu'il ne veut pas prendre le risque de perdre. Et c'est pour cette raison qu'il s'agrippe aux barreaux et qu'il se hisse vers la fenêtre. Il est tellement obnubilé par cette peur qu'il concentre tous ses efforts afin de garder la même position. Il ne lui vient même pas à l'esprit de lâcher prise et d'observer le reste de la cellule. Il ne voit pas qu'à l'autre bout de la pièce la porte est ouverte et qu'il est libre. Il a toujours eu la liberté de marcher dans la clarté du jour mais pour cela il doit lâcher prise. »

Citation

« Puis vint le jour où le risque de rester à jamais un bouton de fleur devint plus douloureux que le risque de fleurir. »

Anaïs Nin.

L'histoire de Sheldon Kopp en dit long. La connaissance est à votre disposition. Durant les périodes de transition notamment, vous avez besoin de lâcher les barreaux auxquels vous vous agrippez pour partir à la découverte de la cellule. Vous avez alors probablement envie de vous agripper encore plus fort aux barreaux et de vous hisser le plus haut possible afin d'apercevoir une lueur d'espoir, mais ignorer le reste du monde revient à vous refuser le droit d'évoluer. Lorsque vous êtes enfermé(e) dans cette cellule qui porte le nom de « transition », écoutez les voix au fond de vous et efforcez-vous de répondre à leurs questions. Même si c'est difficile, le simple fait d'y réfléchir vous permettra de créer de nouvelles pièces qui s'inséreront dans la grande mosaïque de votre vie. Les périodes de transition vous donnent l'occasion de mieux vous connaître, de préciser vos pensées et de façonner votre personnalité. Ce processus est certes épuisant sur le plan émotionnel, mais vous aurez tôt fait d'en récolter les fruits.

Passer à l'action

Fouillez dans vos souvenirs. À combien de reprises les périodes de transition vous ont-elles permis de vous épanouir et de grandir ? En traversez-vous une actuellement ? Comment faire pour qu'elle vous soit bénéfique ?

Un état d'esprit positif

Les transitions ne sont pas des caps faciles à franchir, notamment parce que vos émotions sont impliquées. Cependant, de la manière dont vous réagirez dépendent les leçons que vous allez tirer de ces expériences et leurs répercussions plus ou moins fortes sur le plan émotionnel. Être positif (-ive) ne peut que vous aider. Vous serez toujours confronté(e) à deux types de transitions : celles que vous choisissez et celles que vous ne choisissez pas.

La majorité appartiennent à la première catégorie. C'est le cas du mariage, d'un déménagement, d'une carrière ou d'études universitaires. Lorsque vous êtes l'instigateur de l'un ou l'autre de ces événements, vous pouvez anticiper la plupart des bouleversements qu'ils vont entraîner. Vous pouvez alors vous préparer psychologiquement et être prêt(e) à utiliser les bons outils afin de gérer ces changements. Or l'anticipation et un état d'esprit positif favorisent un climat propice à l'épanouissement.

Citation

« Ce que la chenille appelle la fin du monde, le maître l'appelle un papillon. »

Richard Bach.

Il existe également nombre de transitions dont vous vous passeriez volontiers - licenciement, mutation, deuil, maladie… Dans la mesure où vous n'avez pas la possibilité de les anticiper, il est plus difficile d'y faire face. Le seul choix qui vous appartient est alors de savoir si vous allez considérer ces changements comme un avantage ou un inconvénient. Si vous avez fait le choix délibéré que toute expérience vous est profitable, vous accélérerez le processus et vous en tirerez des leçons plus rapidement.

Les transitions peuvent vous être profitables en faisant le lien entre la médiocrité et la grandeur. Elles sont souvent l'occasion de vous donner accès à une meilleure compréhension de la vie et de stimuler cette aptitude à surmonter une situation qu'est la résilience.

Ce que vous devez retenir

→ Arrêtez-vous et profitez du moment présent.

→ Faites de votre travail un apprentissage de la vie.

→ Donnez un sens à vos paroles.

→ Servez-vous des transitions pour évoluer.

Chapitre

9

Terminer ce qui est inachevé

Dans ce chapitre

- → Pourquoi est-il nécessaire d'exprimer ce que vous éprouvez ?
- → Avez-vous vraiment enterré la hache de guerre ?
- → Comment terminer ce qui est inachevé
- → Pardonner : oui ou non ?

Dans la vie, il y a un cas où les bonnes intentions ne suffisent pas, c'est lorsqu'il s'agit d'exprimer aux autres ce que l'on ressent. Il est important que vous transformiez ces intentions en actes. Si vous ne dites pas clairement aux personnes de votre entourage ce que vous éprouvez à leur égard, voici ce qui peut se passer :

- Vous serez perdant(e) dans la mesure où vos relations avec les autres ne pourront s'améliorer.
- Vous risquez de rompre le dialogue.
- Vous risquez de ne pas avoir une seconde occasion de dire ce que vous ressentez.

Ce dernier point est le plus important. En effet, que se passera-t-il si vous n'avez pas une seconde chance de vous exprimer ? Deux personnes risquent d'en payer les frais : l'autre et vous-même.

Citation

« La compassion, c'est être en accord avec soi-même, avec autrui, avec le monde dans son ensemble. C'est la bonté dans ce qu'elle a de plus intuitif et de plus spontané. C'est l'harmonie qui s'ouvre et qui permet à l'amour d'aller vers les autres sans rien demander en retour. La compassion, c'est ne pas se servir des autres comme d'instruments. C'est les considérer tels qu'ils sont sans vouloir les changer d'aucune manière. »

David Brandon.

Dites-leur ce que vous ressentez

Vous pouvez devenir victime du virus de la culpabilité. Elle fait partie de ces maladies qui cherchent toutes les manières possibles et imaginables de pénétrer dans votre corps. Dès qu'elle a trouvé une voie d'accès, la culpabilité se propage et, comme nombre de virus, s'installe insidieusement dans votre corps, ne s'y manifestant que de temps à autre.

La manière la plus efficace qui soit de traiter le virus de la culpabilité est d'agir avant qu'il attaque – comme toujours, mieux vaut prévenir que guérir. Agir, c'est tout simplement dire à une autre personne ce que vous ressentez. Il est probable que cela vous semble tout d'abord difficile et étrange, mais, au fil du temps, le fait d'oser vous exprimer deviendra naturel et fera partie intégrante de votre mode de fonctionnement.

C'est grâce à cette communication permanente que votre relation aux autres se renouvelle et s'enrichit. Vous ressentez un besoin urgent d'exprimer ce que vous éprouvez.

Voici une liste regroupant quelques bonnes raisons de « dire ce que vous éprouvez » :

- Vous êtes sur la même longueur d'onde que votre interlocuteur.
- Vous et votre interlocuteur avez tout à y gagner.
- Il n'y a pas de question en suspens.
- Votre relation est sans équivoque.
- Vous vous libérez et ne gardez pas de sentiments négatifs en vous.

Une nouvelle vision des choses

« Je ne me serais jamais douté(e) que tu ressentais ça. »

« Pourquoi avons-nous attendu si longtemps avant de nous dire ce que nous éprouvions ? »

> **Paroles d'un sage**
>
> Partager ses sentiments permet d'établir une relation sur laquelle on peut compter durant les périodes difficiles et les moments de bonheur ; cela permet également de mettre en place une relation qui rend les cœurs plus forts.

« Ma vie est différente depuis que tu m'as parlé à cœur ouvert. »

En dévoilant vos sentiments, vous laissez s'exprimer votre vraie personnalité. Votre relation avec l'autre atteint un niveau supérieur et vous permet d'accéder à des trésors jusque-là ignorés.

Le fait de révéler ses sentiments comporte toutefois des risques. Dès lors que vous envisagez de les partager, vous vous aventurez dans des eaux troubles. Que vous disiez à une personne à quel point elle compte pour vous ou combien elle vous a déçu(e), vous devez vous attendre à ce que sa réaction ne soit pas celle que vous aviez prévue. La personne aura peut-être besoin de temps pour repenser à vos paroles et s'en imprégner – d'autant qu'il se peut qu'elle ne soit pas préparée à entendre ce que vous lui dites. Quoi qu'il en soit, soyez prêt(e) à l'écouter et à repenser à ce que vous êtes sur le point de dire, voire à opter pour une autre formulation afin que vos propos soient plus clairs et mieux acceptés. Mais attention ! ne tergiversez pas trop longtemps, au risque de laisser passer l'occasion !

Faire le bilan et ne pas avoir de regrets

Elle regarde les murs d'un blanc immaculé et sent le contact des draps qui la couvrent. Elle écoute les machines qui ont travaillé de concert avec son corps frêle mais qui ne serviront bientôt plus à rien. Son heure est arrivée. Alors qu'elle passe sa vie en revue, un sentiment de paix l'envahit. Elle n'éprouve aucun regret. Elle a toujours dit aux personnes qui comptaient pour elle ce qu'elle éprouvait. Elle ne part pas en laissant derrière elle un travail inachevé. Elle pense à sa vie et se réjouit. Tout son être est envahi par la sérénité et tandis que son souffle s'arrête, une nouvelle vie commence.

> **Passer à l'action**
>
> N'attendez pas demain ! Dès aujourd'hui téléphonez, écrivez des lettres ou allez voir celles et ceux à qui vous pensez ne pas avoir tout dit. Profitez de l'occasion pour ouvrir votre cœur :
>
> « Merci pour avoir fait une différence dans ma vie. »
>
> « Tu comptes énormément pour moi. »
>
> « Je suis désolé(e). Je t'en prie, pardonne-moi. »
>
> « Je te pardonne. »
>
> Agissez maintenant avant qu'il soit trop tard.

Êtes-vous en paix ? Si votre vie devait s'arrêter demain, seriez-vous serein(e) et prêt(e) pour une nouvelle aventure ? Avez-vous terminé tout ce que vous avez commencé ?

Citation

« Tous deux étaient prêtres. Tous deux étaient frères jésuites. Des années durant, ils ont partagé une amitié riche et sincère. Tous deux ont surmonté les longues années de séminaire. Lorsque l'un d'eux avait besoin que l'autre lui consacre du temps, l'écoute ou que sais-je encore, l'autre répondait présent.

« Cette amitié prit fin d'une manière soudaine et tragique. L'un des deux hommes fut renversé par une voiture et s'éteignit devant la résidence où les deux prêtres vivaient avec leur communauté.

« Lorsqu'on apprit au prêtre que son ami gisait dans la rue sans vie, l'homme courut et se fraya un chemin au milieu des policiers et des curieux. Il s'agenouilla auprès de son ami de toujours.
Avec douceur, il prit la tête du mort dans ses mains et devant les spectateurs médusés, il lâcha ses mots :

"Ne meurs pas ! Tu ne peux pas mourir maintenant ! Je ne t'ai jamais dit que je t'aimais." »

John Powell.

Enterrer la hache de guerre

C'est un fait, il est difficile d'enterrer entièrement la hache de guerre. D'ailleurs il n'est pas rare que le manche dépasse... Nous disons : « Pas de problème, je te pardonne » mais à la moindre occasion le passé ressurgit et la blessure s'ouvre à nouveau. La hache de guerre est déterrée !

Citation

« C'est en pardonnant que nous sommes pardonnés. »

Saint François d'Assise.

Réfléchissez aux questions suivantes :

1. Pourquoi est-ce aussi difficile d'accorder son pardon ?

....

....

2. Qu'est-ce qui vous empêche de pardonner ?

....

....

3. Lorsque vous pardonnez, que ressentez-vous ?

....

....

4. Lorsque vous gardez en vous des sentiments négatifs et que vous n'accordez pas votre pardon, qu'éprouvez-vous ?

....

....

Passons maintenant à des questions un peu plus personnelles :

1. Pensez à une personne à qui vous avez refusé votre pardon et à la faute que vous ne parvenez pas à lui pardonner.

....

....

2. Qu'est-ce qui fait que vous ne pouvez pas lui pardonner ?

....

....

3. Qu'avez-vous à gagner dans le fait de ne pas lui pardonner ce qu'elle a fait ?

....

....

4. Est-ce que ça en vaut vraiment la peine ?

....

....

5. Que pourriez-vous faire pour montrer à cette personne que vous êtes prêt(e) à lui pardonner ?

....

....

« Je ne lui pardonnerai jamais. »

« Ce qu'il a fait est impardonnable. »

« Lui pardonner ? Pas question ! »

« Aussi longtemps que je vivrai, je ne lui adresserai plus la parole. »

« Elle a commis un péché impardonnable. »

Ces paroles ont-elles déjà franchi vos lèvres ? Vous n'avez peut-être pas tenu exactement ces propos, mais les mots que vous avez utilisés exprimaient le même sentiment. J'en suis conscient, il est difficile de pardonner à ceux qui nous ont blessé, trompé ou trahi.

Citation

« Pardonnez-leur parce qu'ils ne savent pas ce qu'ils font. »

Jésus.

Un jour, une des mes étudiantes m'a parlé de sa famille. Elle m'a raconté que son père et son oncle ne s'étaient pas adressé la parole depuis trente ans. Lorsque je lui ai demandé pourquoi, elle m'a répondu que ni l'un ni l'autre ne se souvenaient de la raison.

Citation

« La vie est courte et le temps
nous est compté
pour réjouir le cœur de ceux qui
traversent à nos côtés les chemins
d'obscurité.
Oh ! convertissez-vous à l'Amour !
Transformez la haine en douceur. »

Henri-Frédéric Amiel.

Quel dommage ! Le plus triste est qu'il existe une multitude d'histoires comme celle-ci. Qui sait, peut-être vivez-vous une situation identique ? Je vous défie de franchir ces barrières que sont la fierté, l'entêtement et le besoin de toujours tout contrôler qui empêchent le pardon.

Refuser son pardon engendre une force négative qui diminue votre sensibilité et vous empêche de vous réaliser pleinement. Accorder son pardon permet au contraire de faire le ménage dans son esprit et de retrouver cette énergie positive qui propulse dans le monde des opportunités et d'une vie meilleure. Lorsque vous choisissez de pardonner, vous choisissez de vivre pleinement !

Pardonnez, vous avez tout à y gagner

Pardonner présente de nombreux avantages. La liste serait trop longue, c'est pourquoi je ne citerai que quelques exemples. Réfléchissez et considérez ce que peut vous apporter l'acte de pardonner.

- Vous libérer de votre énergie émotionnelle négative.
- Clore un événement une fois pour toute.
- Panser vos blessures.
- Donner à l'autre.
- Donner une seconde chance à l'autre.
- Montrer un autre côté de votre personnalité.
- Servir de modèles aux autres.
- Créer une société meilleure.
- Avoir l'esprit en paix.

Demander pardon

Il est facile de commettre une erreur. Il est beaucoup plus difficile de demander pardon. En fait, pour certains, c'est même extrêmement difficile.

Demander pardon avec sincérité nécessite :

- d'exprimer clairement son désir d'être pardonné ;
- de changer de comportement.

Il n'est pas question de commettre la même erreur une seconde fois. Lorsque vous demandez pardon mais que vous continuez à faire la même chose, vous perdez toute crédibilité aux yeux de l'autre et vos paroles résonnent dans le vide. Demandez pardon et changez de comportement.

Se pardonner à soi-même

Avec qui allez-vous passer le plus de temps dans votre vie ? Avec vous-même ! Maintenant que les choses sont claires, posez-vous la question suivante : avez-vous déjà commis une erreur ? Le contraire m'étonnerait. Combien de fois vous êtes-vous pardonné après avoir fait une erreur ? Que se passe-t-il si vous ne parvenez pas à vous pardonner et que vous traînez un sentiment de culpabilité ? Il y a fort à parier qu'il vous pourrisse la vie et que vous ne sachiez plus où vous en êtes. En outre, cette situation risque d'avoir des conséquences sur votre vie quotidienne et sur vos relations avec les autres.

Se pardonner à soi-même est difficile. Pour certains d'entre nous, c'est même impossible. Nous sommes capables de nous critiquer sévèrement, de nous punir et de nous descendre en flammes - parfois nous sommes même plus durs avec nous-même que nous ne le serons jamais avec quiconque.

Citation

« Pardonnez-vous à vous-même encore, encore et encore. »

Sheldon Kopp.

Citation

« Soyez patient avec tout le monde mais surtout avec vous-même. »

Saint François de Sales.

Certes, il est important de pardonner aux autres, mais vous devez savoir qu'il est tout aussi important de se pardonner à soi-même, ce qui implique d'être prêt(e) à changer de comportement. Faire des erreurs permet de grandir.

1. Pensez à quelque chose que vous avez fait et que vous ne vous êtes jamais pardonné.

....

....

2. Qu'avez-vous à gagner en vous obstinant à ne pas vous pardonner ?

....

....

3. Que perdez-vous dans la vie en refusant de vous pardonner ?

....

....

4. Que se passerait-il si vous vous pardonniez ?

....

....

5. Quel est le premier pas que vous puissiez faire sur la route qui mène à votre propre pardon ?

....

....

Ce que vous devez retenir

→ Dites-leur ce que vous éprouvez – et faites-le maintenant !

→ Enterrez la hache de guerre.

→ Terminez ce que vous avez commencé. Ne regrettez rien.

→ Pardonnez-vous à vous-même. C'est essentiel.

QCM

1 – L'une des dix manières de saboter une relation est de...

❑ **A** - ne jamais dire : « je t'aime »
❑ **B** - se montrer vulnérable
❑ **C** - ne pas se fixer les mêmes buts dans la vie

2 – Quelle solution permet d'améliorer une relation amoureuse ?

❑ **A** - prendre certaines décisions seul(e)
❑ **B** - impliquer l'autre dans ses projets
❑ **C** - faire un enfant

3 – Qu'est-ce qui favorise et renforce l'intimité entre deux êtres ?

❑ **A** - la confiance
❑ **B** - l'attirance physique
❑ **C** - les perceptions

4 – Comment améliorer la qualité d'une conversation ?

❑ **A** - imaginez que c'est la dernière de votre vie
❑ **B** - ne parlez pas de sujets qui fâchent
❑ **C** - imaginez que votre interlocuteur est nu

5 – Quel facteur est essentiel pour être épanoui dans son travail ?

❑ **A** - être utile
❑ **B** - trouver du plaisir dans son travail
❑ **C** - gagner beaucoup d'argent

6 – Faites de votre lieu de travail un lieu...

❑ **A** - d'échanges
❑ **B** - d'apprentissage
❑ **C** - de détente

7 – La vie est une succession de périodes...

❑ **A** - de trouble
❑ **B** - de continuation
❑ **C** - de transition

8 – Quel risque courez-vous en révélant vos sentiments à une personne ?

❑ **A** - perdre sa confiance
❑ **B** - fausser votre relation
❑ **C** - obtenir une réaction imprévue

9 – Une demande de pardon sincère repose sur...

❑ **A** - un changement de comportement
❑ **B** - une promesse
❑ **C** - une bonne dose d'humilité

10 – Pour vivre sereinement, il faut toujours...

❑ **A** - dire aux personnes qu'on aime ce qu'on éprouve pour elles
❑ **B** - terminer tout ce qu'on commence
❑ **C** - prendre du recul

Réponses

1 : C - 2 : B - 3 : A - 4 : A - 5 : A et B - 6 : B - 7 : C - 8 : C - 9 : A
10 : A et B

Nombre de bonnes réponses ❑

Si vous avez au moins 8 bonnes réponses, passez au chapitre suivant, sinon... faites quelques révisons !

Partie 4 Aider les autres et avoir tout à y gagner

Aider : ce terme noble et quelque peu ennuyeux peut procurer l'une des plus grandes joies dans la vie. Après avoir aidé une première fois, vous continuerez non par altruisme mais parce que aider nourrit l'âme plus que n'importe quelle autre action. Avant de vous lancer dans cette grande aventure, faites le point sur votre personnalité et identifiez les talents et les compétences que vous pourrez mettre à la disposition des autres – que vous ayez peu ou beaucoup à offrir, que vous disposiez de peu ou de beaucoup de temps à consacrer aux autres, peu importe : ce qui vous semble être une goutte d'eau peut changer une vie à tout jamais. Et lorsque vous aurez découvert le bonheur d'aider, chaque heure que vous accorderez à une personne se transformera en une vie au service des autres.

Chapitre 10

Devenez volontaire

Dans ce chapitre

- → Le volontariat : pourquoi est-ce indispensable ?
- → La « nombrilite » : souffrez-vous de cette maladie ?
- → Comment laisser tomber la télécommande de la télévision
- → La qualité de la vie : d'où vient-elle ?

« Devenez volontaire », quel drôle de titre ! Laissez-moi vous expliquer. J'impose à tous mes étudiants de s'inscrire comme volontaires dans l'organisation ou l'association humanitaire de leur choix. Cela fait partie de leur formation comme n'importe quelle autre U.V. (unité de valeur). Je les « force » à s'inscrire. Bien évidemment, ils entament souvent une discussion quant à l'incongruité du mariage entre les mots « forcer » et « volontaire ». Et je dois avouer que le débat est toujours très intéressant.

Force *vs* persuasion

Si vous consultez les études menées sur le volontariat, vous découvririez que seulement une personne sur cinq s'engage de son propre chef comme volontaire, les quatre autres y étant forcées d'une manière ou d'une autre. Bien évidemment, nul ne leur met un pistolet sur la tempe, mais elles y sont poussées par des procédés plus insidieux : affiliation à une association, à une religion, à une organisation humanitaire ou suivi d'un cours spécifique.

Rares sont les individus qui se réveillent un beau matin en se disant : « Aujourd'hui, c'est décidé, je me lance dans le volontariat ! » Si vous faites partie de cette minorité, bravo ! Nous vous félicitons pour votre grandeur d'âme. Quoi qu'il en soit, la majorité des êtres humains ne fonctionnent pas comme vous.

Citation

« C'est proprement ne valoir rien que de n'être utile à personne. »

René Descartes.

Lorsque je dis à mes étudiants qu'ils vont devoir faire dix heures de volontariat durant un semestre, ils râlent et clament haut et fort qu'ils n'ont pas de temps à consacrer à ce genre d'activité. De plus, ils ne voient pas le rapport entre le volontariat et leurs cours. Or je sais par expérience qu'il n'y a aucun point commun entre ce que les étudiants disent le jour où je leur annonce la nouvelle et celui où ils font le point à la fin du cursus. Invariablement, tous affirment alors que le volontariat compte parmi les meilleures expériences qu'ils ont vécues.

Ce qu'il y a d'intéressant dans le volontariat - forcé ou non -, c'est qu'une fois que vous y avez goûté, vous ne pouvez plus vous en passer. Il transforme votre vie et vous incite à porter un regard nouveau sur le monde.

Une dose d'inspiration

Voici un florilège de paroles sorties de la bouche des étudiants que j'ai « forcés » à faire du volontariat :

« Même si, dans un premier temps, j'ai détesté l'idée d'être obligé de faire des travaux d'intérêt général, je sais maintenant que je n'aurais jamais fait cette expérience si je n'y avais pas été "contraint". Pour tirer des leçons de la vie, il faut toujours aller au-delà de nos zones de confort. »

« Je pense que le volontariat stimule le muscle des émotions. Une notion de complétude vient s'ajouter à la vie. Cela m'a permis entre autres de porter un regard nouveau sur la vie et d'apprécier ce que j'ai. »

« Le volontariat m'a appris qu'être au service des autres est un acte noble. »

« Le lundi, lorsque je quittais le site sur lequel j'avais travaillé en tant que volontaire, j'étais satisfait d'avoir fait quelque chose qui avait changé la vie d'une personne. Je savais aussi que tous ceux que j'avais rencontrés avaient changé ma vie. »

« Faire du volontariat, c'est donner une partie de soi-même tout en étant payé en retour au centuple. »

« Le volontariat m'a appris que la vie peut s'enrichir des tragédies que nous traversons. »

L'épidémie de nombrilite

Il y a bien longtemps, j'ai entendu un ami en accuser un autre de souffrir de « nombrilite ». Cela m'a beaucoup fait rire... La nombrilite ! Quel terme génial ! Je ne sais pas qui l'a inventé - certainement quelqu'un de bien plus sage que moi - mais cette personne a trouvé une formidable métaphore pour qualifier un syndrome qui se répand dans notre société.

Regardons ce terme d'un peu plus près. Si l'on vous dit que vous souffrez de nombrilite, cela signifie que vous vous comportez comme si le monde tournait autour de votre nombril. Rien ne compte mis à part vos besoins, vos désirs et vos volontés.

Les causes de la nombrilite sont :

- le fait de faire passer sa personne en priorité ;
- les diverses pressions sociales et le besoin d'avoir un titre prestigieux et un compte en banque bien approvisionné ;
- le désir d'avoir plus que ce dont on a réellement besoin ;
- le besoin omniprésent de toujours chercher à atteindre le point n° 1 ;
- le sentiment que si l'on s'occupe de quelqu'un d'autre, on va soi-même pâtir de la situation.

Parmi les symptômes que ressent une personne souffrant de nombrilite, on peut remarquer :

- des douleurs dans la nuque à force de pencher la tête en avant pour se regarder le nombril ;
- l'absence de relations intimes avec autrui ;
- une réussite médiocre du fait des limites qu'on s'impose à soi-même ;
- un savoir limité dans la mesure où l'on ne regarde rien de ce qui se passe autour de soi, trop obnubilé que l'on est par sa propre personne.

Parmi les symptômes que ressent le groupe dans lequel évolue une personne souffrant de nombrilite, il y a :

- le fait que nul ne peut profiter pleinement des talents et des dons de la personne atteinte ;
- des difficultés à collaborer ;

- beaucoup de stress – ce qui affecte l'éthique et la productivité ;
- une prudence exagérée qui inhibe toute évolution possible.

Après avoir identifié les causes et les symptômes de la nombrilite, prêtez-vous au jeu de ce petit inventaire :

Citation

« Il y a meilleur que le bien, c'est celui qui le fait. »

Le Livre de la sagesse arabe.

1. Avez-vous déjà été frappé(e) par la nombrilite ?

....

....

2. Quelles situations ont été à l'origine de ce syndrome ?

....

....

3. Que signifie pour vous « faire passer votre personne en priorité » ?

....

....

4. Quelle relation y a-t-il entre l'estime que vous avez pour vous et la nombrilite ?

....

....

5. Quelles sont les trois choses que vous pourriez faire pour mettre fin au syndrome de la nombrilite ?

a. ....

b. ....

c. ....

L'un des moyens les plus simples pour se débarrasser de ce fléau est d'aider les autres. Est-ce que cette solution figure parmi les trois points précités ? Si non, ajoutez-la en quatrième position.

Agissez

Faites un bond dans le passé, lorsque la télévision et les lecteurs de DVD n'existaient pas encore, lorsqu'on ne parlait pas de communication par fibres optiques, d'informatique ni même de cinéma muet et de phonographe. À cette époque, on prenait le temps de faire les choses. Chacun avait une éthique du travail et les communautés reposaient sur des valeurs solides. Vous aidiez vos voisins à construire une grange, à réparer une barrière, et vous subveniez à leurs besoins lorsqu'ils étaient malades. En ce temps-là, les individus étaient tournés vers l'extérieur et vivaient avec les autres, alors qu'aujourd'hui ils sont souvent tournés vers eux-mêmes et isolés des autres.

Paroles d'un sage

La seule raison d'être de la vie est de servir l'humanité.

Que votre isolement soit à mettre sur le compte de la télévision, du lecteur de DVD ou d'une semaine de travail chargée, il est temps de dire : « Ça suffit ! » Levez-vous et agissez.

Laissez tomber la télécommande de la télévision

Combien de temps passez-vous devant le petit écran ? Cinq heures par semaine ? dix heures ? quarante heures ? plus ? Une chose est sûre, vous y passez trop de temps ! À votre avis, que se passerait-il si vous regardiez la télévision une heure de moins par semaine et si vous consacriez cette heure aux autres ? Cela revient à quatre heures par mois, vingt-six heures par semestre et cinquante-deux heures par an au service de quelqu'un. En donnant de vous-même rien qu'une heure par semaine, vous pourriez marquer à tout jamais la vie d'une personne dans le besoin. Essayez la stratégie suivante : pour chaque jour de la semaine, notez ci-après les programmes télévisés que vous regardez et leur durée.

Temps passé à regarder la télévision par semaine

Programme **Heure** **Durée**

Lundi

1. ....

2. ....

3. ....

4. ....

5. ....

Nombre d'heures par jour :

Programme	**Heure**	**Durée**

Mardi

1. ....
2. ....
3. ....
4. ....
5. ....

Nombre d'heures par jour :

Programme	**Heure**	**Durée**

Mercredi

1. ....
2. ....
3. ....
4. ....
5. ....

Nombre d'heures par jour :

Programme	**Heure**	**Durée**

Jeudi

1. ....
2. ....
3. ....
4. ....
5. ....

Nombre d'heures par jour :

Programme	**Heure**	**Durée**
Vendredi		
1.		
2.		
3.		
4.		
5.		

Nombre d'heures par jour :

Programme	**Heure**	**Durée**
Samedi		
1.		
2.		
3.		
4.		
5.		

Nombre d'heures par jour :

Programme	**Heure**	**Durée**
Dimanche		
1.		
2.		
3.		
4.		
5.		

Nombre d'heures par jour :

Nombre d'heures par semaine :

Calculez le nombre total d'heures passées chaque semaine devant le petit écran, puis divisez-le par 168 (le nombre d'heures dans une semaine) pour obtenir le pourcentage de temps hebdomadaire que vous pourriez consacrer à quelqu'un. Cela n'est pas insurmontable, n'est-ce pas ?

Reportez-vous à la liste de la page 104, point n° 5, et choisissez l'heure que vous pourriez consacrer aux autres au lieu de regarder la télévision. (Je sais que certains d'entre vous n'ont pas mis « moins regarder la télévision », mais il n'est pas trop tard pour le faire.)

Levez-vous

Après avoir choisi une heure, levez-vous, regardez-vous dans le miroir puis posez-vous la question suivante : « Comment puis-je venir en aide à quelqu'un ? »

Cette question est primordiale. En effet, il vous sera beaucoup plus facile de continuer votre travail de volontaire si vous faites quelque chose qui vous passionne.

Citation

« Vous gagnez votre vie avec ce que vous recevez mais vous la vivez avec ce que vous donnez. »

Winston Churchill.

Action !

Vous avez sélectionné une heure et choisi un domaine ou une activité qui vous passionne. Il ne vous reste plus à présent qu'à agir, autrement dit à sortir de chez vous et à aider quelqu'un.

Aider une personne ne veut pas dire signer un chèque et disparaître. Aider, c'est mettre en place une relation de personne à personne, de cœur à cœur, d'âme à âme. Cela ne se fait pas du jour au lendemain, mais grâce au volontariat ce type de rapport entre deux individus se met généralement en place beaucoup plus vite que prévu. N'ayez pas peur, cette relation ne doit pas être perçue comme une menace mais comme une opportunité qui, la plupart du temps, se présente naturellement.

Vous voici sans trop de difficultés arrivé(e) au bout du processus.

Donnez de votre temps à la communauté

Savez-vous ce qui différencie une communauté d'une autre ? Vous avez le choix entre quatre options :

A. Le nombre de fast-foods.

B. Les feux tricolores.

C. La réglementation concernant les animaux domestiques tenus en laisse.

D. La qualité de la vie.

Si vous avez répondu D, vous avez raison, une fois de plus ! La qualité de la vie est effectivement ce qui confère à une communauté son caractère unique. Le but de toute communauté est d'offrir à ses membres une bonne qualité de vie, ce qui sous-entend avoir de bonnes écoles, des projets culturels, un faible taux de délinquance, un nombre très limité de grossesses chez les adolescentes, un faible taux de chômage et un bon système de santé publique – soit autant d'attributs qui contribuent à un environnement optimal pour chacun d'eux.

À garder en mémoire

Vivre pour aider les autres.

Citation

« La générosité est la communauté. Il ne peut y avoir de communauté sans implication, d'implication sans vulnérabilité et de vulnérabilité sans risque. »

M. Scott Peck.

En fait, la qualité de vie dépend directement de la relation d'entraide entre les individus. Une bonne qualité de vie résulte du travail de plusieurs personnes ayant des objectifs communs. Il n'est pas question d'organisations officielles avec des employés rémunérés. Si notre société s'est transformée, cela s'est fait grâce à des personnes qui ont mis leur temps et leur énergie au service des autres, généralement de façon bénévole.

Les volontaires sont toujours en première place dès qu'il s'agit de secourir des populations ayant subi une catastrophe naturelle, de participer à des manifestations scolaires, de défendre les droits de l'homme, de venir en aide aux malades ou de participer à des travaux d'intérêt général.

Nous devons tous « donner de notre temps » à la communauté. Même si, dans un premier temps, vous pensez que cela vous pénalise et ressemble à du sacrifice, sachez que donner de son temps est libérateur et épanouissant.

Paroles d'un sage

Nous naissons tous pour une raison mais aucun de nous ne sait laquelle. Le succès dans la vie n'a rien à voir avec ce que la vie vous donne ou ce que vous accomplissez par vous-même. C'est ce que vous faites pour les autres.

On ne va pas vous attribuer un numéro, vous donner un costume rayé ou vous attacher une chaîne et un boulet au pied - on va vous donner des défis à relever et des opportunités que vous pourrez saisir afin qu'elles vous offrent un mode de vie de qualité.

Ce que vous devez retenir

→ Fini la nombrilite ! Tournez-vous vers les autres.

→ Remplacez une heure de télévision par une heure au service des autres.

→ Agissez et changez une vie.

→ La communauté a besoin de vous.

Chapitre

11

Être récompensé(e) au centuple

Dans ce chapitre

- La véritable générosité, c'est quoi ?
- Comment faire des miracles ?
- Pourquoi venir en aide à autrui ?
- Qu'avez-vous à donner ?

Ce que je vais vous raconter s'est déroulé il y a longtemps. Nous étions chez mes parents pour célébrer l'anniversaire de ma fille Katie, et elle discutait avec Mme R., la voisine. Son mari, atteint de la maladie d'Alzheimer, était mort un an plus tôt et à sa solitude s'ajoutaient des problèmes financiers. Alors que Katie parlait à Mme R., je voyais la magie opérer dans les yeux de la vieille dame. Au cours de la conversation, Katie lui a dit qu'elle fêtait ses sept ans, et elles se sont mises à parler des anniversaires. Mme R. a évoqué des souvenirs du passé, puis Katie est revenue jouer dans le jardin. Plusieurs heures plus tard, nous avons entendu frapper à la porte. C'était Mme R. avec sa robe défraîchie et ses chaussures usées. Elle apportait un cadeau pour Katie. Ce jour-là, Mme R. a probablement offert à ma fille le plus précieux des présents. Dans une boîte entourée d'un ruban froissé, il y avait un paquet de raisins secs, des crayons de couleur qui avaient déjà servi et une pièce de monnaie.

La générosité à l'état pur

Quelle générosité ! Ma petite fille de sept ans a éprouvé une grande joie en ouvrant le cadeau, et le geste de la vieille dame nous a permis de comprendre ce qu'est réellement la générosité.

Semez une graine et vous obtiendrez un miracle

Imaginez que vous vous trouvez dans un petit village au fin fond de la campagne chinoise. Un paysan vous explique qu'il a planté des graines dans ce champ cinq ans auparavant. Il vous invite à vous pencher afin que vous puissiez voir les plantes qui commencent à sortir de terre. Un large sourire apparaît furtivement sur son visage buriné et habituellement impassible. Vous êtes sur le point d'entamer un périple de six semaines à travers l'Asie. Vous saluez le paysan et vous lui promettez de revenir le voir à votre retour.

Six semaines plus tard, vous revenez au village. Lorsque le paysan vous aperçoit au loin, il va à votre rencontre et vous dit : « J'ai quelque chose à vous montrer. » Il vous emmène dans le champ où vous aviez vu les plantes commencer à sortir de terre après cinq années d'une inactivité apparente. À votre grande surprise, le paysage est transformé. Stupéfait, vous regardez les bambous Moso de 3 m de haut qui se sont substitués aux pousses à peine visibles six semaines plus tôt.

Le bambou Moso est une espèce de bambou qui peut végéter pendant cinq années consécutives et prendre entre 50 cm et 1 m par jour durant la période de croissance. Quel est le rapport entre le bambou Moso et le fait de venir en aide aux autres, me direz-vous ? La réponse est simple : lorsque vous donnez de vous-même à une personne, vous plantez des graines. Certaines donnent des fruits immédiatement alors qu'il faut attendre plusieurs années pour que d'autres apparaissent. Lorsque ce miracle se produit, il est fréquent que l'on se dise : « Maintenant, je comprends ce qu'Untel m'a expliqué il y a des années » ; ou : « Je n'arrivais pas à faire ce qu'Untel m'a enseigné il y a plusieurs années mais aujourd'hui je le peux. »

Passer à l'action

Réfléchissez à votre vie. Vous souvenez-vous d'avoir fait preuve de générosité ou de gentillesse envers quelqu'un ? Pourquoi cela vous a-t-il marqué ? Aujourd'hui, vous pouvez toucher une vie par votre générosité et ce que vous ferez restera à tout jamais gravé dans la mémoire de l'autre. Alors qu'est-ce qui vous retient ?

Lorsque vous vous investissez dans la vie d'une autre personne et que vous partagez vos richesses - à savoir vous-même -, il y a de fortes chances pour que vous marquiez la vie de l'autre des années durant. Vous pouvez même changer sa vie à tout jamais.

Se connecter les uns aux autres

Que se passe-t-il lorsqu'une connexion parfaite est établie entre vous et une autre personne ?

- Vous ressentez un regain d'énergie dans votre corps.
- Vous portez un plus grand intérêt à la vie.
- Vous vous sentez plus grand(e) et plus fort(e).
- Vous vous sentez plus investi(e) dans le moment présent.

Être en parfaite connexion avec une autre personne est l'une des expériences les plus fortes que vous puissiez vivre et vous pouvez la sublimer en établissant une connexion avec une personne totalement différente de vous - une personne qui emprunte un tout autre chemin que le vôtre.

À garder en mémoire

Établir une connexion avec les autres.

Prenons un exemple. Avec deux collègues, j'ai eu la chance de pouvoir emmener quinze étudiants au Honduras. L'objectif de ce voyage était d'aller aider les habitants d'un village perdu dans la montagne en leur enseignant les règles d'hygiène de base. Le Honduras est le pays le plus pauvre d'Amérique centrale. Jusqu'à ce jour, aucune personne de notre groupe n'avait été confrontée à une telle misère. Nous n'en croyions pas nos yeux. Nous nous sentions oppressés et nous savions que cette expérience laisserait une empreinte indélébile dans notre mémoire. La connexion entre les villageois et nous s'est établie très rapidement en dépit de la barrière de la langue. Nous étions là pour les aider à s'enrichir, mais en réalité ce sont ces gens d'une extrême pauvreté qui nous ont enrichis.

Paroles d'un sage

Lorsque vous faites du volontariat, à qui venez-vous vraiment en aide ?

Lorsque nous dépassons les limites de notre zone de confort, notamment sur le plan culturel, nous portons un regard nouveau sur le monde. Il n'est cependant pas nécessaire d'aller bien loin pour se familiariser avec une autre culture. Il suffit de regarder autour de soi pour le comprendre.

Voici quelques questions auxquelles je vous propose de réfléchir :

1. Quand êtes-vous venu(e) en aide à quelqu'un pour la dernière fois ?

....

....

2. Cette personne était-elle d'une culture différente ?

....

....

3. Qu'est-ce qui a motivé votre action ?

....

....

4. Quelle action pourriez-vous poursuivre au sein de votre communauté afin de vous mettre en contact avec des personnes d'une autre culture ?

....

....

5. Qu'est-ce qui vous empêche de vous impliquer ?

....

....

6. Êtes-vous prêt(e) à relever le défi ? Pourquoi ?

....

....

7. Avez-vous besoin d'un petit coup de pouce ? Que faut-il pour que vous osiez vous lancer ?

....

....

Les interconnexions entre les individus confèrent plus de force à chacun sur le plan personnel, professionnel et social. Lorsque tous unissent leur énergie, chacun voit ses limites repoussées et a plus de chances de réussir et de s'épanouir. Alors n'attendez plus, connectez-vous !

Écoutons ce qu'ils ont à dire

Écoutons les témoignages des personnes qui ont fait du volontariat. Nous avons beaucoup de leçons à tirer des expériences vécues par celles et ceux qui ont su partager leur temps avec les autres.

« Parfois j'avais l'impression que le volontariat permettait à un autre moi de s'exprimer. Je voudrais dire combien il est important de vivre pleinement. Ce n'est pas le type de sujets que j'aborde spontanément, mais le volontariat m'a permis de prendre conscience que j'avais beaucoup de choses à exprimer sur la spiritualité et le sens de la vie. »

« Si, chaque semaine, vous donnez une heure ou deux de votre temps, vous ferez un cadeau d'une valeur inestimable. »

« Lorsque j'ai décidé de faire du volontariat, je pensais que j'allais apporter quelque chose aux autres. Mais, en fait, c'est moi qui suis sorti enrichie de cette expérience. Les personnes auxquelles je rendais visite m'ont donné la chaleur d'un sourire et ont rempli mon cœur de joie. »

« Plus on fait de volontariat, plus on veut en faire. Ça vient tout naturellement. »

« Faire du volontariat m'a donné l'impression de servir à quelque chose et de "rembourser" en quelque sorte à la communauté le fait qu'elle me permet de vivre à l'abri des difficultés, en étant sûr que quelqu'un me viendrait en aide si j'étais dans le besoin. »

« Grâce au volontariat, j'ai compris que c'est moi qui m'imposais mes propres limites et que plus mon cœur grandissait, plus "je" me construisais et devenais une personne à part entière. »

« Le volontariat, c'est donner et recevoir plus encore. »

« Le volontariat m'a fait comprendre que je pouvais faire plus qu'avoir des pensées généreuses, rêver de paix et vouloir que tous les hommes vivent dans des conditions décentes. Le volontariat m'a fait comprendre que je devais agir. »

« J'avais le tort de croire qu'écouter était suffisant. »

« Le volontariat nous permet de donner tout ce que contient notre cœur, d'aimer et de servir une cause. »

« Faire du volontariat est une expérience agréable et gratifiante. Je me suis engagée à donner de mon temps, de ma connaissance, de mon rire, de ma tendresse, de mon sourire et de moi-même. C'est bon d'avoir le sentiment que ce qu'on fait est bien. »

Passer à l'action

Engagez-vous à consacrer quatre heures de votre temps à une personne d'une culture différente. Quatre petites heures qui auront des répercussions sur une vie. N'attendez pas !

« Je n'ai pas seulement appris à m'estimer heureux, j'ai appris à partager ce qui me rendait heureux. »

« Le volontariat m'a permis de sortir de mon ignorance. »

« Le volontariat m'a fait prendre conscience que j'avais beaucoup à donner aux autres. Pas de l'argent mais du temps, de l'attention et de la tendresse. »

Tout le monde a quelque chose à donner

Lorsque j'annonce à mes étudiants qu'ils vont devoir faire du volontariat, ils me rétorquent souvent : « Comment puis-je faire du volontariat dans la mesure où je n'ai rien à donner ? » Je suis heureux quand ils me posent cette question car j'ai alors l'occasion de leur dire qu'ils se trompent et qu'ils ont au contraire beaucoup à donner.

Je leur demande :

- « Avez-vous une main ? Oui. Alors tendez-la et prenez la main d'une autre personne. »
- « Avez-vous des oreilles ? Oui. Alors servez-vous-en pour écouter quelqu'un vous raconter son histoire. »
- « Avez-vous un cœur ? Oui. Alors servez-vous-en pour donner un peu de chaleur à quelqu'un. »
- « Avez-vous des pieds ? Oui. Alors servez-vous-en pour faire un bout de chemin avec quelqu'un. »

Passer à l'action

« Dieu n'agit pas de la même façon sur tous les cœurs, tout dépend de la préparation et de la sensibilité de chacun. »

Maître Eckhart.

Paroles d'un sage

Le plus grand cadeau que vous puissiez faire à quelqu'un, c'est vous.

Vous avez beaucoup à donner, les occasions de partager avec autrui ne manquent pas et les conséquences de votre aide sur la vie des personnes secourues seront importantes. Laissez à l'autre le soin de découvrir ce que vous avez à lui offrir.

Évaluez vos talents, vos aptitudes et vos compétences

Vous avez un certain nombre de talents, des aptitudes et des compétences qui font que vous êtes une personne incroyable. Oui, j'ai bien dit « incroyable ». Il est possible que vous ne vous rendiez pas compte de votre richesse, mais sachez que c'est votre unicité qui fait de vous un être à part.

Réfléchissez à votre personnalité et identifiez vos atouts.

1. Citez trois choses que vous faites bien :

a. ....

b. ....

c. ....

2. Comment pourriez-vous utiliser ces trois points forts pour aider d'une manière ou d'une autre la vie d'une personne ?

a. ....

b. ....

c. ....

3. Choisissez l'un de vos trois points forts et fixez-vous un objectif accessible.

....

....

Citation

« Des sages sont venus chez vous
pour vous faire don de leur sagesse.
Quant à moi, je suis venu pour prendre
de votre sagesse.
Il est bien de donner lorsqu'on vous
en fait la demande,
mais il est préférable de donner sans
qu'on vous ait sollicité et parce que vous
en avez compris l'urgence. »

Khalil Gibran.

Le réconfort : un don inestimable

Quand j'étais enfant, mon père avait pour habitude de me dire : « Lorsque tu fais du volontariat, tu fais don de réconfort, et lorsque tu réconfortes quelqu'un, tu le rends plus fort. » Je n'ai jamais oublié ces paroles.

> **Citation**
>
> « Il n'est pas raisonnable de laisser et d'abandonner l'affligé dans son affliction sans lui donner quelque réconfort. »
>
> Jacques Amyot.

Pensez à une période où vous avez connu la solitude, la détresse, la maladie, ou à une époque où vous étiez dans le besoin et où quelqu'un est venu vous réconforter. Vous souvenez-vous de ce que vous avez alors éprouvé ? Le sentiment merveilleux d'être plus fort.

Lorsque vous faites bénéficier une personne de vos talents, de vos aptitudes et de vos compétences – lorsque vous donnez de vous-même –, vous la rendez plus forte, vous lui apportez du réconfort et vous changez sa vie.

Lorsque l'amour est un moteur

Lorsque vos actions sont motivées par l'amour, vous touchez les personnes à un niveau supérieur – vous vous adressez à leur âme. Vous pouvez alors parler d'un don authentique – un don inconditionnel, dénué d'égoïsme et sans retenue. Ce faisant, vous allez au-delà d'une vie superficielle et vous pénétrez dans un monde merveilleux.

La journée du « don de soi »

Une fois par an, la communauté à laquelle j'appartiens organise une journée durant laquelle tous les membres doivent venir en aide à une personne ayant moins de chance qu'eux dans la vie. Les entreprises de la région autorisent leurs employés à prendre leur journée. Ils troquent leur costume ou leur uniforme contre un bleu de travail et s'arment de pinceaux, de marteaux, de pelles et surtout de courage.

Des centaines de volontaires consacrent chaque année une journée aux autres. Jusqu'au soir, la magie opère. Pour ceux qui sont aidés comme pour ceux qui aident, cette journée laisse une marque indélébile.

Donner : des intérêts composés

Investissements

Intérêts simples : les intérêts sont calculés sur le capital.

Intérêts composés : les intérêts sont ajoutés au capital pour produire de nouveaux intérêts.

Ce qui différencie les intérêts simples des intérêts composés, c'est ce que les financiers appellent la « capitalisation ».

En termes de volontariat, les intérêts simples n'existent pas. Lorsque vous donnez de vous-même, vous capitalisez toujours les intérêts. Vous ne donnez pas qu'une partie de vous mais vous faites don de votre personne. Et ce que vous gagnerez au final dépasse de beaucoup votre investissement.

Pour résumer : lorsque vous donnez, ce que vous gagnez en retour est nettement supérieur à ce que vous avez investi et change votre vie à jamais. On parle donc bien d'intérêts composés.

Ce que vous devez retenir

→ La vraie générosité, c'est donner avec son âme.

→ Vous pouvez faire des miracles chaque jour en changeant la vie d'une personne.

→ Ce que vous gagnez en vous investissant dépasse de beaucoup votre mise de départ.

→ Vous avez beaucoup à donner. Ne vous en privez pas.

Chapitre 12

Donner avec son cœur

Dans ce chapitre

→ Quelles leçons pouvons-nous tirer d'une expérience pénible ?

→ Qu'appelle-t-on un « défenseur des déshérités » ?

→ Tout ce qu'on dit sur les liens du cœur

→ Une leçon de vie

Il y a bien longtemps, alors que j'étais un garçon qui passait son temps à jouer au basket avec ses copains et qui considérait toutes les filles comme des pestes, un événement marquant que je n'oublierai jamais s'est produit : ma ville a été envahie par les eaux. Le système des assainissements avait été endommagé et l'eau potable manquait. Les autorités décrétèrent que l'eau potable serait rationnée tant que l'inondation durerait et que la crise ne serait pas résolue.

J'entends encore mon père nous dire de sa voix tonitruante : « Les enfants, voulez-vous venir avec moi ? On va s'amuser. Les pompiers ont besoin d'aide pour distribuer l'eau potable aux habitants. » J'ai suivi mon père avec l'un de mes frères et l'une de mes sœurs. Maman est restée à la maison car elle devait accompagner les autres enfants de la famille qui avaient des obligations.

Lorsque nous sommes arrivés à la caserne des pompiers, des hommes et des femmes faisaient la queue pour recevoir les rations d'eau qui étaient distribuées par des bénévoles. Comme les autres bénévoles, j'ai dû passer autour de mon bras un brassard blanc avec une grosse croix rouge au milieu. Le brassard était trop large pour mon bras mais j'étais très fier et j'affichais un large sourire.

Lorsque ce fut à notre tour de distribuer l'eau, je me mis à côté de mon père afin de regarder comment il faisait et de suivre ses conseils. Ce soir-là, nous avons servi des litres et des litres d'eau, y compris les rations destinées à notre famille. De retour à la maison, papa nous a remerciés pour avoir participé à la distribution. Il avait eu raison, nous nous étions bien amusés.

Une expérience enrichissante

En repensant à cette histoire des années plus tard, j'ai compris que, ce jour-là, mon père nous avait beaucoup appris (en réalité, mon père nous enseignait chaque jour quelque chose de nouveau). Sans donner un cours théorique, il nous avait appris comment rendre service aux personnes dans le besoin ; il nous avait donné l'exemple en nous montrant comment nous devions agir. Il ne nous avait pas fait un sermon, il ne nous avait pas dit : « Voici que ce vous devez tirer comme enseignement de cette expérience. » Il s'était contenté de distribuer les rations d'eau en nous prenant avec lui, et ce que nous avions alors appris sans même nous en apercevoir allait avoir des conséquences importantes sur notre vie future.

Citation

« Les meilleures et les plus belles choses du monde ne peuvent être vues ni même touchées… Elles sont ressenties avec le cœur. »

Helen Keller.

Les enseignements de cette journée ont été multiples. Mais le plus important, c'est que nous avions distribué de l'eau, élément indispensable à la vie.

Parmi les leçons à tirer de cette expérience, on peut retenir :

- Apprenez à donner.
- On peut éprouver du plaisir en donnant.
- Devenez un exemple en montrant comment agir à vos enfants, à vos amis ou à vos collègues, même s'ils n'ont pas immédiatement conscience de ce qu'ils apprennent.
- Aidez vos voisins.
- Observez, apprenez, aidez et laissez vos sentiments s'exprimer.

Paroles d'un sage

Le plus grand bien que nous puissions faire aux autres n'est pas de partager nos richesses avec eux mais de les aider à dévoiler les leurs.

Défenseur des déshérités

Je parie que vous ignorez que le poste le plus prestigieux qui soit au monde est « défenseur des déshérités » - même si vous ne verrez ce titre figurer sur aucune carte de visite ni apparaître dans l'organigramme d'aucune société. Vous ne savez peut-être même pas ce qu'est un défenseur des déshérités si vous n'avez jamais eu l'occasion d'en croiser un. Un défenseur des déshérités - qui est en fait mi-Robin des Bois et mi-Zorro - agit sans faire de bruit, soit avec préméditation soit spontanément ; et avant même que vous ayez eu le temps de dire merci, il a disparu.

Le travail d'un défenseur des déshérités repose sur quatre éléments : aider, protéger, materner et encourager à relever des défis.

- **Aider :** agir afin de répondre aux besoins d'une personne, ne serait-ce qu'en tendant la main, en écoutant ou en donnant un conseil.
- **Protéger :** pas de panique ! Vous n'aurez pas à vous munir d'une arme à feu. Vous pouvez protéger une personne en lui permettant de tirer des leçons des erreurs que vous avez commises afin qu'elle agisse différemment, en lui donnant un conseil ou un simple avis, le plus difficile étant de trouver la limite entre « protéger » et « surprotéger ».
- **Materner :** apporter son soutien. Répondre présent lorsqu'une personne est dans le besoin, lui permettre de pleurer sur votre épaule, la féliciter pour ce qu'elle fait, la prendre dans vos bras pour lui montrer votre affection.
- **Encourager à relever des défis :** pousser les personnes dans le besoin à dépasser leur zone de confort et les aider à identifier les valeurs auxquelles elles croient. Les assister afin qu'elles tirent des leçons des erreurs commises. Les encourager à grandir et à développer les différents aspects de leur personnalité.

Je vous l'accorde, la tâche est ardue, mais si ce n'était pas le cas, il n'y aurait pas de fierté à être promu « défenseur des déshérités », n'est-ce pas ?

Vous vous dites peut-être que pour le devenir vous devez impérativement établir une relation intime durant de longues années avec la personne dans le besoin. Si, dans certaines circonstances, il est primordial de bien connaître l'autre pour lui venir en aide et mettre en place une relation fondée sur la confiance, nombre de fois vous pourrez assister des inconnus qui ne feront que croiser votre route.

Les exemples ne manquent pas, que ce soit aider à installer le matériel pour une manifestation sportive un samedi soir, aider un enfant perdu à retrouver sa maman dans un supermarché ou laisser passer une personne à la caisse avant vous si elle n'a qu'un article alors que votre Caddie est plein.

Je vais vous raconter une histoire qui s'est réellement passée. Tous les jours, mon frère aîné emprunte l'autoroute pour aller travailler. Lorsqu'il part de chez lui, il ne sait jamais à quelle heure il arrivera au bureau car l'autoroute peut aussi bien être dégagée que saturée – ce qui n'affecte aucunement mon frère qui a une patience illimitée.

> **Citation**
>
> « Je ne traverserai ce monde qu'une fois. Par conséquent, si je peux faire preuve de gentillesse ou accomplir quelque chose de bien, laissez-moi le faire aujourd'hui. Ne me laissez pas remettre cela à plus tard ou à jamais, car je ne passerai plus jamais par ici. »
>
> Étienne de Grellet.

La patience n'est pas sa seule qualité. En effet, il est toujours prêt à aider quelqu'un dans le besoin. Un jour, alors qu'il se rendait au travail, il aperçut un homme debout auprès d'une vieille voiture garée sur le bas-côté de la route à cause d'une crevaison.

Mon frère s'arrêta et proposa son aide au malheureux conducteur. Armé d'un cric, l'homme avait démonté le pneu mais n'avait rien pour le réparer, pas plus que de roue de secours. Mon frère emporta le pneu pour le faire réparer dans la station service la plus proche. Lorsqu'il le sortit de son coffre, il se rendit compte que l'usure était telle que le pneu n'allait pas durer longtemps. Devinant que le propriétaire de la vieille voiture ne roulait pas sur l'or, il décida d'acheter un pneu neuf. Si, pour l'homme, Noël était arrivé un peu plus tôt que prévu, pour mon frère, c'est chaque jour Noël !

Les liens du cœur

Nombre d'hommes et de femmes aiment répéter qu'aucun lien ne peut les retenir. Je leur propose un autre *mantra*, à savoir :

Être attachés, oui, mais avec les liens du cœur !

> **Citation**
>
> « Le temps a toujours raison de faire ce qui est bien. »
>
> Martin Luther King Jr.

Lorsque deux personnes sont unies par les liens du cœur, leur relation est précieuse et a un sens profond.

Dès qu'il s'agit de venir en aide à autrui, les liens du cœur entrent en ligne de compte. Donner avec le cœur, c'est donner sans obligation, sans condition. Donner vraiment, c'est donner avec le cœur.

Une bonne leçon de vie

Imaginons la scène suivante : vous travaillez dans un café et vous écoutez les clients raconter leurs malheurs et se lamenter, accrochés au bar comme des anatifes fixés sur la coque d'un navire. Vous n'êtes pas un barman comme un autre car vous avez appris beaucoup de choses au cours de votre vie.

> **Paroles d'un sage**
>
> Le présent dévoile le cœur de celui qui donne.

Une musique de fond se fait entendre entre deux conversations, et les yeux des clients vont d'une personne à l'autre afin de trouver le sentiment de sécurité qu'apporte un moment partagé. Depuis que vous travaillez dans ce bar, vous attendez patiemment « la » question. Et un client finit par vous la poser. Elle couvre la cacophonie des voix et de la musique et parvient distinctement à vos oreilles : « Quelle est la meilleure boisson ici ? » Vous marquez une pause puis, lentement, d'une voix tranquille, vous répondez : « Un Gentil Esprit. C'est la boisson de la vie. » Assis sur son tabouret, le client vous regarde comme si vous aviez totalement perdu la tête. Toutefois, votre réponse l'intrigue.

« Un Gentil Esprit, ajoutez-vous, c'est une boisson complète à base de différents ingrédients : 3 mesures de confiance en soi, 2 mesures de gentillesse et 1 rondelle d'humilité. »

Vous avez réussi à capter l'attention de l'homme qui veut en savoir plus sur chacun des ingrédients.

À sa demande, vous expliquez :

La confiance en soi

1re mesure :
Éliminez « je ne peux pas » de votre vocabulaire.
Saisissez toutes les occasions d'apprendre.
Mettez-vous en condition pour réussir ce que vous entreprenez.

2e mesure :
Développez vos aptitudes.
Tentez de nouvelles expériences.
Tirez le plus de leçons possible de chaque formation sur le tas.

3e mesure :
Consolidez vos acquis.
Autorisez-vous à commettre des erreurs.
Mettez en place un réseau d'entraide.

La gentillesse

1re mesure : Montrez-vous tel que vous êtes réellement.

2e mesure : Mettez en pratique ce en quoi vous croyez.

L'humilité

Une rondelle d'humilité est l'ingrédient qui empêche la confiance en soi de se transformer en arrogance.

Votre client est tout ouïe et finit par avouer : « Je ne m'attendais pas à recevoir une leçon de vie aujourd'hui. Je pense que je vais commander un Gentil Esprit avec une bonne bière fraîche pour l'accompagner. C'est une bonne idée, non ? En tout cas, merci. »

Trop occupé(e) pour venir en aide aux autres

C'est vraiment ce que vous pensez ? Vous êtes mal parti(e), car si vous êtes trop occupé(e) pour venir en aide aux autres, vous êtes trop occupé(e) pour vivre pleinement. C'est la réalité : une personne qui n'a pas le temps de venir en aide aux autres reste confinée dans cet espace réduit qui s'appelle l'égocentrisme. Elle croit que le monde tourne autour d'elle.

Les êtres humains sont des créatures interdépendantes les unes des autres. Nous comptons sur les autres pour corriger nos défauts, nous enseigner de nouvelles choses et nous aider à élargir notre horizon, et les autres comptent sur nous pour les mêmes choses.

Vous seul(e) pouvez donner ce que personne d'autre ne pourra jamais donner - vous, c'est-à-dire les trésors que vous avez emmagasinés au fil de vos expériences, votre savoir, vos compétences et vos sentiments.

Voici une ordonnance destinée à traiter le syndrome du « Trop-occupé(e)-pour-venir-en-aide-à-autrui ».

Citation

« La richesse de votre vie peut se mesurer à l'aide que vous apportez à autrui. »

Robin Sharma.

Prescription

Chercher une personne dans le besoin.
Tisser des liens du cœur.
Donner de sa personne.
Faire de l'assistance à autrui son *credo*.
Recommander cette prescription à autrui.
Donner l'exemple afin de faire des adeptes.
À suivre jour après jour.

Venir en aide à une personne dans le besoin est un privilège mais également une lourde responsabilité. Être là pour autrui est une qualité noble. Venez en aide aux autres, vivez et épanouissez-vous. Vous avez tout à y gagner !

Une dose d'inspiration

Les vacances ne se résument pas forcément au très galvaudé « Sea, sex and sun » ! Elles peuvent également permettre de donner de son temps libre et de venir en aide à ceux qui sont dans le besoin. Si vous ne savez pas comment vous rendre utile, contactez une association caritative et investissez-vous dans une cause qui vous tient à cœur : bénévolat dans les hôpitaux, aide à domicile auprès de personnes âgées ou de malades, construction d'un pont dans l'Himalaya, mise en place d'un système d'irrigation en Afrique, collecte et envoi de fournitures scolaires à destination d'une école nigérienne, reforestation en Amazonie, etc. Les besoins ne manquent pas. Renseignez-vous.

Ce que vous devez retenir

→ Répondez aux besoins essentiels d'autrui.

→ Tissez des liens du cœur.

→ Devenez un défenseur des déshérités.

→ Tirez des leçons de la vie.

QCM

1 – Une personne atteinte de nombrilite…

❑ **A** - est tellement stressée qu'elle a mal au ventre en permanence
❑ **B** - fait toujours passer sa propre personne en priorité
❑ **C** - souhaite toujours avoir plus que ce dont elle a vraiment besoin

2 – Quel est le but de toute communauté ?

❑ **A** - offrir à ses membres une bonne qualité de vie
❑ **B** - arriver à faire cohabiter des personnes très différentes
❑ **C** - faire respecter l'ordre établi

3 – Qu'éprouve-t-on lorsque l'on établit une connexion parfaite avec une autre personne ?

❑ **A** - un regain d'énergie dans son corps
❑ **B** - un sentiment de supériorité
❑ **C** - un plus grand intérêt pour la vie

4 – La connexion est sublimée si…

❑ **A** - elle dure dans le temps
❑ **B** - elle s'instaure dans un cadre religieux
❑ **C** - elle est établie avec une personne totalement différente

5 – Lorsque l'on donne, ce que l'on reçoit…

❑ **A** - est équivalent à la mise de départ
❑ **B** - surpasse de beaucoup la mise de départ
❑ **C** - ne vaut pas la mise de départ

6 – En quoi le travail d'un défenseur des déshérités consiste-t-il ?

❑ **A** - à trouver des ressources
❑ **B** - à encourager à relever des défis
❑ **C** - à échanger

7 – Quels liens donnent un sens profond à une relation ?

❑ **A** - les liens du cœur
❑ **B** - les liens du sang
❑ **C** - les liens de la confiance

8 – Quel ingrédient entre dans la composition du « Gentil Esprit » ?

❑ **A** - l'équité
❑ **B** - l'humilité
❑ **C** - la docilité

Réponses

1 : B et C - 2 : A - 3 : A et C
4 : C - 5 : B - 6 : B - 7 : A - 8 : B

Nombre de bonnes réponses ❑

Si vous avez au moins 6 bonnes réponses, passez au chapitre suivant, sinon… faites quelques révisions !

Partie 5 Faire la part des choses

Nos préoccupations quotidiennes font que nous perdons parfois une certaine vision d'ensemble de notre vie et que nous ne savons plus faire la différence entre ce qui est important et ce qui l'est moins. Nous devons réapprendre à faire la part des choses. Grâce aux enseignements de cette partie, vous apprendrez peu à peu à voir de nouveau le côté positif de la vie. Vous serez également capable de considérer les obstacles pour ce qu'ils sont réellement, à savoir des opportunités. Quant à vos relations avec les autres, vous comprendrez enfin l'importance de la communauté en tant que groupe que vous avez contribué à construire.

Chapitre 13

Maîtriser les aléas de la vie

Dans ce chapitre

- → Maîtriser les montagnes russes de votre vie
- → Ça pourrait être pire
- → Des stratégies simples pour faire la part des choses
- → Considérer les obstacles à surmonter comme des opportunités à saisir

Le Train de la mine, Goudurix et Silver Star - qu'est-ce que ces attractions ont en commun ? Toutes trois sont des montagnes russes. Ces noms sont supposés susciter un sentiment de peur, voire de terreur, car ces attractions font littéralement trembler celles et ceux qui osent s'y hasarder.

Si vous faites partie des personnes qui recherchent les sensations fortes que procurent ces monstres métalliques, à grand renfort de loopings, de pentes dévalées à vive allure et de virages serrés, vous savez que l'aventure ne va durer que deux minutes trente, puis que tout redeviendra normal. Mais si votre vie ressemble parfois à une montagne russe avec des hauts et des bas, il y a de grandes chances pour que vous soyez incapable de dire quand le calme va revenir, car vous aurez l'impression de n'avoir aucun contrôle sur les événements.

Le défi à relever est de parvenir à maîtriser les montagnes russes de votre vie. Pour ce faire, vous devez identifier les influences externes et internes qui entrent en ligne de compte et chercher à les déchiffrer. Comprendre ce qui se passe est essentiel pour maîtriser les aléas de la vie, de la même façon que maîtriser les aléas de la vie est essentiel pour faire la part des choses.

Les montagnes russes : comprendre les hauts et les bas

Repensez à ce qui s'est passé la dernière fois que vous avez pris place dans le wagonnet de tête d'un *roller coaster*. Revivez la scène. Vous entendez le « clic clac » des roues sur les rails alors que le convoi part à l'assaut d'une pente particulièrement raide. Lorsque le train arrive au sommet, vous êtes pris(e) d'un rire nerveux. Vous regardez en dessous de vous, puis la descente infernale commence. Vous plongez dans le vide. Dans un virage, vous êtes projeté(e) contre la paroi latérale du wagonnet. Vous plongez à nouveau dans le vide avant que le train s'attaque à une côte d'une hauteur vertigineuse. Pendant un court instant d'accalmie, vous essayez de vous réinstaller confortablement sur votre siège et de reprendre votre souffle (et vos esprits). Mais le « clic clac » des roues est de plus en plus fort et vous comprenez que la descente aux enfers est sur le point de recommencer. Lorsque le train s'arrête enfin et que vous reprenez peu à peu des couleurs, vous riez comme un gamin et vous remettez de l'ordre dans vos cheveux...

Vous vous êtes amusé(e) et vous êtes même prêt(e) à recommencer, car vous aimez sentir votre cœur battre la chamade et éprouver des sensations fortes.

D'une certaine manière, nos vies ne ressemblent-elles pas à des montagnes russes avec des hauts et des bas, des virages imprévus, des périodes de calme suivies de périodes où tout va trop vite ? Si vous êtes comme le commun des mortels, il est fort probable que vous ayez parfois l'impression d'être totalement submergé(e) par cette succession d'événements. Quand avez-vous ressenti cela pour la dernière fois ? L'année dernière ? le mois dernier ? hier ? aujourd'hui ? à l'instant même ? Que celles et ceux qui ont répondu « l'année dernière » réfléchissent à nouveau – et répondent cette fois en toute franchise.

Voici une question à choix multiples à laquelle je souhaiterais que vous répondiez. Que se passe-t-il quand vous vous sentez dépassé(e) par une situation ?

a. Vous êtes moins efficace.

b. Vous êtes moins patient(e).

c. Vous avez tendance à vous mettre dans une situation critique.

d. Vous êtes irascible.

e. Vous perdez toute objectivité.

f. Toutes les réponses ci-dessus à la fois.

La bonne réponse est la dernière, bien sûr ! Et encore peut-il y avoir d'autres retentissements sur votre comportement...

Revenons à notre analogie avec le *roller coaster*. Les hauts et les bas de la vie vous lancent des défis et vous font évoluer. Toutefois, si la vie n'est rien d'autre qu'une succession de situations extrêmes, l'équilibre de votre existence s'en trouve fortement perturbé. Vous perdez toute objectivité et vous ne relativisez plus. Il est primordial que vous empruntiez un chemin de vie moins chaotique et moins radical que celui qui s'apparente à une montagne russe.

Passer à l'action

Identifiez une chose qui vous inquiète mais sur laquelle vous n'avez aucun contrôle. Débarrassez-vous-en et préoccupez-vous de points que vous pouvez contrôler.

Citation

« Nous qui avons vécu dans un camp de concentration, nous nous souvenons des hommes qui allaient d'un baraquement à un autre pour réconforter ceux qui allaient mal et qui n'hésitaient pas à donner leur dernier morceau de pain. Si ces hommes étaient rares, ils étaient en nombre suffisant pour prouver que l'on peut tout prendre à un individu hormis une chose : la dernière de ses libertés – choisir comment se comporter dans certaines circonstances, choisir sa propre voie. »

Victor Frankl.

Les êtres humains sont des créatures qui ont besoin d'un certain équilibre résultant d'une juste répartition entre les différents éléments de la vie et la possibilité de contrôler ces éléments. L'essentiel est de profiter des « hauts », de tirer des leçons des « bas », et de savoir faire tampon entre ces deux extrêmes grâce à une personnalité forte et à un comportement cohérent. Vous pouvez choisir que votre vie soit un *roller coaster* avec des dénivelés peu marqués et, ce faisant, avoir un regard plus positif et faire la part des choses.

Je tiens toutefois à préciser que le fait de trouver un équilibre dans sa vie ne tombe pas du ciel comme par magie. Cela demande du travail. C'est à vous de prendre les mesures qui s'imposent pour améliorer votre propre existence.

Prise de conscience, anticipation et action

Nous voulons tous réussir, être à l'abri des difficultés et mener une vie merveilleuse. Mais nous ne faisons généralement pas grand-chose pour que nos désirs se concrétisent. Pour ne pas perdre le sens des réalités et afin de favoriser notre développement personnel, il est indispensable de mettre en place un « programme » fondé sur trois axes principaux : la prise de conscience, l'anticipation et l'action. Ce programme a déjà fait ses preuves, c'est pourquoi je vous conseille vivement d'y avoir recours.

La prise de conscience

Avez-vous déjà eu le trac ? Avez-vous déjà eu le sentiment de porter le monde sur vos épaules et d'être à bout de souffle ? Cela explique le regard que vous portez sur la vie et plus précisément le fait que vous manquez d'objectivité.

Il est temps d'agir comme un mécanicien face à un moteur en panne. Comme lui, prêtez l'oreille au moindre bruit, vrombissement, grésillement ou vibration suspects émis par votre corps. Celui-ci est en effet un baromètre très fiable à condition que vous sachiez l'écouter – et pour cela, rassurez-vous, il n'est pas nécessaire de mettre les mains dans le cambouis !

Or prendre conscience des choses nécessite de le vouloir vraiment et de s'engager à le faire. *A priori*, si c'est ce que vous voulez, cela ne devrait pas vous poser trop de problèmes. Mais vous savez aussi bien que moi que les choses qui paraissent les plus simples ne le sont pas forcément. Certaines personnes sont incapables de s'engager à faire quelque chose, et ce, même si leur vie en dépend. Prendre conscience des blocages requiert du travail et de l'attention. Le fait de vous engager est une étape importante – la première de toutes.

Paroles d'un sage

Je me suis inquiété
de marcher dans la rue
sans chaussures jusqu'au
jour où j'ai rencontré
un homme qui n'avait
pas de pieds.

Citation

« Si l'histoire de la Terre se résumait à une seule année, il n'y aurait aucune forme de vie durant les huit premiers mois. Les plus primitives des créatures apparaîtraient au cours des deux mois suivants alors qu'il faudrait attendre la deuxième semaine de décembre pour voir les premiers mammifères et le 31 décembre à 11 h 45 pour les premiers *Homo sapiens*. La dernière minute précédant les douze coups de minuit correspondrait à l'histoire écrite de l'humanité. »

Richard Carrington.

Soyez à l'écoute de votre corps ainsi que des voix qui proviennent du monde qui vous entoure. Cela vous permettra de replacer votre vie dans un contexte différent et de devenir un élément à part entière de ce qu'on appelle la « grande toile ». Si vous n'écoutez que votre propre voix et restez centré(e) sur votre petit monde à vous, vous ressemblerez à la pièce d'un puzzle qui ne sait ni où ni comment se positionner.

L'anticipation

Réfléchissez quelques instants à toutes ces fois où vous ne vous êtes pas senti(e) bien, où vous étiez à cran et où vous vous êtes « pris la tête ». Vous savez, ces moments où vous n'étiez plus en mesure de faire la part des choses... Qu'est-ce qui a provoqué ces bouleversements émotionnels ?

Posez-vous la question suivante : « Aurais-je pu anticiper ce qui s'est passé ? » L'anticipation joue un rôle majeur dans le processus qui permet de gérer une situation. Plus précisément, on perd pied quand on n'a pas su anticiper un événement.

Dressez la liste des événements et/ou des activités que vous pouvez anticiper à condition de le vouloir vraiment :

....

....

....

....

Cette étape est primordiale, car ce n'est que lorsque vous aurez pris conscience d'une situation et que vous serez capable d'anticiper que vous serez prêt(e) à passer à l'action.

L'action

Lumière ! Caméra ! On tourne ! De quel film s'agit-il ? Du film de votre vie. Avec quel acteur ? Vous, dans la peau du personnage principal. Vous vous êtes préparé(e) à tenir ce rôle en respectant les étapes de prise de conscience et d'anticipation. Il est temps d'entrer en scène. Mais avant, je souhaiterais vous poser une question : vous arrive-t-il parfois de franchir les deux premières étapes puis, pour une raison ou une autre, de vous arrêter là ?

Lorsque vous ne passez pas à l'action, vous perdez le temps précieux que vous avez investi dans les deux premières phases. En outre, si vous ne prenez pas conscience des faits, si vous n'anticipez pas et si vous ne passez pas à l'action, une seule personne sera perdante dans l'histoire : vous. Vous vous devez d'utiliser les outils qui sont en votre possession pour améliorer votre vie.

Passer à l'action signifie prendre des mesures concrètes qui vous aideront à relativiser. À vous de dresser la liste de choses que vous faites consciemment afin de replacer les événements dans leur contexte. Puis faites une seconde liste avec les mesures que vous pourriez prendre – et n'attendez plus, agissez !

Ce que je fais :

....

....

Ce que je pourrais faire :

....

....

Se préparer à surmonter les obstacles

Prêtez-vous à l'expérience suivante : levez une main au niveau de votre visage et serrez le poing. Puis tendez votre index afin qu'il soit juste face à vos yeux et concentrez-vous sur votre doigt. Vous le voyez bien ? Ensuite, ne regardez plus votre doigt mais fixez un objet à l'arrière-plan. Vous vous apercevez que même si vous fixez un autre point, vous voyez toujours votre doigt, n'est-ce pas ?

> **Paroles d'un sage**
>
> Ce qui a été, c'est ce qui sera ; ce qui s'est fait, c'est ce qui se fera. Il n'y a rien de nouveau.

> **Citation**
>
> « Les obstacles sont ce que vous voyez lorsque vous quittez votre objectif des yeux. »
>
> E. Joseph Cossman.

Vous vous demandez certainement où je veux en venir... En fait, votre doigt représente un obstacle. L'objet à l'arrière-plan représente un objectif. Ce qui se produit trop souvent, c'est que vous vous concentrez sur l'obstacle – dans ce cas précis, le doigt. Ce faisant, vous vous pénalisez, car vous ne pouvez mettre en place une stratégie positive ni agir. Si vous vous concentrez uniquement sur l'obstacle, vous perdez de vue votre objectif et la notion des choses. Ce que vous devez faire, c'est rester concentré(e) sur votre objectif : vous pourrez ainsi contourner l'obstacle et voir les choses telles qu'elles sont.

Il ne suffit pas de dire « je veux »

Il est facile de dire « je veux » : pas besoin de travailler ni de prendre des engagements, ça vient tout seul.

- Vous voulez ressentir plus d'estime pour vous-même ?
- Vous voulez relativiser ?
- Vous voulez profiter plus de la vie ?

Alors cessez de dire que vous « voulez » et agissez !

Se battre afin de surmonter les obstacles

Lorsque vous vous sentirez prêt(e), prenez le taureau par les cornes. Voici quelques suggestions pour vous faciliter la tâche :

- Anticipez. Débarrassez-vous des obstacles avant qu'ils prennent trop d'ampleur.
- Gardez une vue d'ensemble. Considérez la place qu'occupent les obstacles.
- Supprimez tous les éléments ennuyeux et peu importants, et dites-vous qu'il est normal que vous rencontriez des difficultés. Concentrez-vous sur les vrais obstacles et non sur des éléments mineurs.

Citation

« L'absence de tout problème serait le début de la mort d'une société ou d'un individu. Nous ne sommes pas faits pour vivre dans ce genre de monde. Nous sommes par nature des solutionneurs de problèmes, et nous avons même besoin d'y être confrontés pour nous exprimer. »

John W. Gardner.

Parallèlement, envisagez comment vous pouvez utiliser ces obstacles à votre profit.

- Voyez ce qu'ils peuvent vous apporter de bénéfique en vous obligeant à porter un regard nouveau sur la vie, en vous obligeant à réviser vos positions et à réfléchir sur votre existence.
- Servez-vous des obstacles pour réveiller certaines parties de votre personnalité, et profitez de ces opportunités pour développer le réseau des personnes susceptibles de vous aider à évoluer.

Citation

« Les personnes qui réussissent utilisent les mêmes matières premières que celles qui vont de défaite en défaite. »

Bernie Siegel.

- Considérez les obstacles comme des défis à relever et non comme des menaces. Relever un défi est excitant et peut être un détonateur, alors que les menaces agacent et fragilisent.

Enfin, portez un regard réaliste sur les obstacles.

- Certains obstacles auxquels vous êtes confronté(e) peuvent être des événements ou des activités sur lesquels vous n'avez aucun contrôle. Identifiez-les, cessez de vous inquiéter et agissez.

- Acceptez que les obstacles fassent partie de la vie. Vous ne les éliminerez jamais tous - ce n'est d'ailleurs pas ce que vous souhaitez.
- Certains obstacles sont simplement désagréables, d'autres constituent une menace sérieuse. Sachez faire la différence et agissez en fonction.

Ce que vous devez retenir

→ La vie est faite de hauts et de bas – agissez au mieux.

→ Utilisez les outils dont vous disposez : la prise de conscience, l'anticipation et l'action.

→ Définissez ce qui compte vraiment dans votre vie.

→ Servez-vous des obstacles auxquels vous êtes confronté(e) – certains sont de véritables cadeaux.

Chapitre 14

Rire, sérieusement !

Dans ce chapitre

- À la recherche de l'humour
- Pourquoi faut-il rire de soi ?
- Faire son « inventaire de l'humour personnel »
- Se prescrire une bonne dose de rire pour rester en bonne santé

Faisons une petite expérience. Retenez le numéro de cette page afin de savoir où vous en êtes dans votre lecture, puis lisez la quatrième de couverture en comptant tous les « e ».

Combien en avez-vous trouvé ? Je parie que vous ne vous attendiez pas à un tel résultat. Et pourquoi, d'après vous ? Parce que, lorsque vous avez lu ce texte pour la première fois, vous n'avez pas fait attention au nombre de « e ». Vous ne vous êtes même pas aperçu(e) qu'il y en avait, car vous ne les cherchiez pas. Vous avez trouvé des « e » quand vous les avez cherchés. Conclusion : cherchez et vous trouverez.

Cherchez et vous trouverez

Cette phrase en dit long, et pour cause : ces paroles sont tirées de la Bible. Croyez-vous qu'en rapportant les propos de Jésus dans son Évangile saint Matthieu faisait allusion à l'humour ? Je ne le pense pas, mais il est indéniable que l'on peut décliner cet adage sous la forme suivante : cherchez l'humour et vous le trouverez.

Devenez un chercheur d'humour

Vous avez la possibilité d'ajouter un nouveau titre sur votre *curriculum vitæ* : « chercheur d'humour ». Il vous suffit de devenir un explorateur à la recherche de cette merveille que l'on appelle « humour ». Cette tâche sera certainement une des plus faciles parmi celles qu'il vous sera demandé de mener à bien. Vous n'aurez pas besoin de vous salir, ni d'utiliser des pioches ou des pelles. En fait, l'humour est un objet précieux mais courant, et pour vous l'approprier vous serez obligé(e) d'avoir recours à des outils adaptés.

Des outils spécifiques

Voici la liste des outils dont vous devez vous munir :

Un compteur Geiger de perception sélective. Votre cerveau est un outil incroyable, un organe complexe qui assure une multitude de fonctions vitales. Il est notamment équipé d'un véritable compteur Geiger de perception sélective grâce auquel vous pouvez programmer un objet ou un événement que voulez capter dès lors qu'il se situe à l'intérieur de votre champ de perception.

Nous en avons tous fait l'expérience. Par exemple, vous achetez une nouvelle voiture, un modèle très peu répandu dont vous appréciez justement l'originalité. Or, le jour qui suit l'achat du véhicule, vous ne cessez pas de voir des voitures identiques à la vôtre. Comment expliquer ce phénomène ? En fait, le compteur Geiger de votre cerveau n'était pas programmé avant que vous décidiez d'acheter cette voiture. Le programme s'est mis en route seulement après l'acquisition du véhicule.

À vous de jouer ! Mettez le compteur Geiger de votre cerveau sur la position « Humour ». Appuyez et observez ce qui se passe. Quelle que soit la situation que vous vivez, vous y discernerez une note d'humour parce que vous avez décidé d'en voir partout.

Des lunettes de voyeur d'humour. Elles vont vous aider à voir l'humour dont font preuve les individus dans leur vie quotidienne. Que vous vous trouviez au travail, chez vous, à l'aéroport ou dans le métro, lorsque vous mettrez ces lunettes sur votre nez, vous verrez les choses sous un angle nettement plus réjouissant que vos voisins. Prenons un exemple. Après l'inondation de leur maison, ma nièce, âgée de sept ans, et son grand-père écopaient l'eau dans le sous-sol lorsque la petite fille s'est arrêtée et a dit à son grand-père : « J'ai l'impression d'être Cendrillon. Mais, à ce rythme-là, je ne suis pas prête d'aller au bal ! » Pour ce qui est de l'humour, les enfants ont certainement des leçons à donner aux adultes...

Un détecteur de nouveautés. Réfléchissez un instant au chemin que vous empruntez pour vous rendre au travail, à l'école ou au supermarché. Si vous êtes comme la majorité des individus, vous parcourez toujours le même trajet. Ce que vous avez découvert la première fois que vous avez suivi cette route n'est plus qu'un vague souvenir. Que se passera-t-il si vous optez pour un autre itinéraire ? Vous ferez de nouvelles découvertes qui seront autant de richesses pour vous.

Citation

« La seule chose absolue dans un monde comme le nôtre, c'est l'humour. »

Albert Einstein.

Le processus est le même avec l'humour. Vous ne devez pas vous contenter d'un territoire restreint en vous limitant à ce que vous connaissez déjà. Explorez d'autres mines comme les livres, le cinéma, le théâtre, la musique... Vous serez surpris(e) de voir qu'une multitude de richesses vous attend. Ouvrez les yeux et profitez des trésors que l'humour met à votre disposition.

Bon voyage !

Faire sourire les autres

Paroles d'un sage

Pourquoi les BD et les histoires drôles sont-elles toujours reléguées à la dernière page des journaux ? S'il y en avait quelques-unes sur chaque page, cela donnerait un peu de légèreté à l'ensemble.

Un ami m'a confié que l'un de ses plus grands plaisirs dans la vie était de faire sourire les autres afin d'embellir leur journée. Vous aussi, vous pouvez faire sourire les gens qui vous entourent.

Une question de partage

Observez ce qui se passe lorsqu'on vous raconte une histoire drôle. Vous la racontez ensuite à un ami qui la raconte à quelqu'un d'autre, et ainsi de suite. Il arrive parfois que la chaîne se brise. En effet, il y a toujours quelqu'un pour dire : « L'autre jour on m'a raconté une histoire qui m'a fait beaucoup rire, mais je ne me souviens plus de la chute. » Ce qui est important, c'est que même les personnes qui oublient systématiquement les histoires qu'on leur raconte aimeraient les partager.

Citation

« Je fais preuve d'un tel optimisme que si j'avais été sur le *Titanic*, j'aurais pensé que le bateau s'était arrêté pour que nous prenions de la glace. »

Anonyme.

L'humour est une qualité merveilleuse qui ne demande qu'à être partagée. Vous pouvez adapter les plaisanteries et les histoires drôles en fonction des personnes auxquelles vous les racontez qui, à leur tour, les modifieront en fonction de leur auditoire, etc. Par ailleurs, les plaisanteries et les histoires drôles changent, car l'humour évolue au fil du temps, l'essentiel étant qu'il y ait toujours des gens prêts à rire.

Un humour opportun

Décréter que l'humour est inadapté à tel ou tel sujet fait toujours l'objet d'un débat animé. En règle générale, un humour qui blesse ou qui avilit un individu ou un groupe de personnes est déplacé. Lorsque vous avez recours à l'humour, vous devez redoubler d'attention pour la personne qui se trouve en face de vous. Il existe mille et une manières de pratiquer l'humour sans qu'il soit nécessaire de rire aux dépens de quelqu'un.

Citation

« L'humour est le plus court chemin d'un homme à un autre. »

Georges Wolinski.

À chacun son humour

Cette section s'adresse tout particulièrement à celles et ceux d'entre vous qui ne se souviennent jamais des histoires drôles. Ce n'est pas parce que vous ne parvenez pas à retenir une blague que l'on vous a racontée que vous n'avez pas d'humour. Vous pouvez inventer vos propres histoires drôles, avoir de la repartie et être capable de relater une situation dont vous avez été témoin ou de rapporter des propos que vous avez entendus avec humour. Il y a sans cesse matière à faire preuve d'humour. Ne perdez pas cet état d'esprit sous prétexte que vous êtes incapable de raconter une blague « classique ».

Cela sous-entend que vous arrêtiez de clamer : « Je ne suis pas drôle. » Dès que vous êtes sur le point de faire ce genre de réflexion, mettez le compteur Geiger de votre cerveau sur la position *on* et chaussez vos lunettes de voyeur d'humour : vous vous apercevrez alors que vous savez être drôle à votre manière. Or, mieux vaut être unique dans ce domaine que se fondre dans la masse. Laissez s'exprimer votre sens de l'humour et mettez des sourires dans votre vie !

Faites votre IHP

Non, il ne s'agit pas d'un examen médical ni d'un diplôme universitaire : l'IHP n'est rien d'autre que l'« inventaire de l'humour personnel ». Pour ce faire, prenez le temps de compléter la fiche qui suit.

Inventaire de l'humour personnel

1. Quelles sont les trois choses qui me font rire ?

a. ....

b. ....

c. ....

2. Vers quels supports humoristiques est-ce que je me tourne spontanément (bandes dessinées, films, livres, autres) ?

a. ....

b. ....

c. ....

3. Avec quel type d'humour suis-je le plus à l'aise ? (Entourez une seule réponse.)

a. Les plaisanteries

b. Les histoires drôles

c. Les bons mots

d. Autres (toutes les réponses sont permises)

4. Lorsque quelque chose de drôle me fait rire, on peut comparer ce rire à… (Entourez une seule réponse.)

a. Un ricanement

b. Un gloussement

c. Un cri

d. Un rire gras

e. Un tremblement de terre

f. Un murmure

g. Autres

5. Ce que je peux faire pour augmenter mon quotient d'humour…

....

....

Remarque : comprendre votre rapport à l'humour est primordial. Relevez le défi de faire rire les autres !

Riez de vous-même avant...

Un ami m'a raconté l'histoire suivante à son sujet. Cela s'est passé peu de temps après sa nomination à un poste à responsabilités au sein de notre université. Un matin, alors qu'il prenait son petit déjeuner avec son fils âgé de dix ans, le petit garçon lui a demandé ce qu'il allait faire dans la journée. Mon ami a répondu : « Aujourd'hui, c'est l'une des journées les plus difficiles de ma carrière. Je vais parler devant 650 personnes et je dois réussir à les motiver. » Son fils l'a alors regardé droit dans les yeux et lui a rétorqué : « Eh bien ! Tu ferais mieux de fermer ta braguette... »

Citation

« Lorsque vous réussissez à faire rire les gens qui vous entourent, ils vous écoutent et vous pouvez presque tout leur dire. »

Herb Gardner.

Quelques heures plus tard, mon ami a commencé sa conférence en racontant à son auditoire ce qui s'était passé au petit déjeuner : tout le monde a ri aux éclats.

Rire de soi-même est bénéfique. Je me contenterai de vous citer deux raisons de le faire, mais rien ne vous empêche d'en trouver d'autres.

- **L'antidote du perfectionnisme.** Le perfectionnisme est un démon qui pointe sa vilaine tête de temps à autre et sème le doute quant à votre propre valeur. Mais j'ai une bonne nouvelle pour vous : rire de soi-même est un merveilleux antidote contre le perfectionnisme. En riant de vous-même, vous vous autorisez à commettre des erreurs. Bien évidemment, une conduite sérieuse s'impose dans certaines circonstances, mais attention à ne pas tomber dans l'excès en risquant de passer à côté d'occasions de rire !

Citation

« On entend de plus loin celui qui rit que celui qui pleure. »

Dicton juif.

- **La part des choses.** Rire de soi permet également de faire la part des choses lorsqu'on est confronté à des obstacles. Chaque être humain doit lutter au cours de sa vie. Le rire adoucit souvent les coups et fait oublier les bosses. Il permet de relativiser.

Rire de soi a également un effet bénéfique quant aux rapports avec les autres.

- **Créer un lien avec autrui.** Les orateurs savent depuis fort longtemps que s'autodénigrer sur un mode humoristique peut renforcer les liens tissés avec un auditoire. C'est exactement ce que mon ami a fait en racontant l'histoire de sa fermeture Éclair®. Lorsque vous riez de vous-même, vous vous montrez en tant que personne et non comme un robot intouchable et dépourvu de tout sentiment. Les membres de votre auditoire peuvent alors s'identifier à vous puisqu'ils ont probablement tous commis des erreurs similaires.

- **Devenir un modèle pour les autres.** En riant de vous-même en public, vous servez de modèle aux autres pour les autoriser à rire d'eux-mêmes. Vous leur faites ainsi un cadeau d'une valeur inestimable.

Rire : un choix sain

Nous dépensons chaque année des sommes faramineuses dans les clubs de remise en forme, les aliments bio et autres produits supposés préserver notre capital santé, alors que le meilleur remède contre les maladies est... le rire ! N'est-ce pas merveilleux ? Le rire, qui est à la portée de tous et qui en plus est gratuit, a des propriétés thérapeutiques !

> **Citation**
>
> « Le bonheur, c'est avoir une bonne santé et une mauvaise mémoire. »
>
> Ingrid Bergman.

Nombres d'études ont prouvé l'influence positive que le rire peut avoir dans la vie de chacun à la fois sur les plans physique et émotionnel. Je vous propose de vérifier leur véracité par vous-même et me contenterai de vous prescrire une ordonnance pour vivre plus sainement. À défaut de produits pharmaceutiques, je prescris un autre type de traitement qui se révèle être l'un des plus puissants : le rire.

Je ne fais pas partie de ces professionnels qui prescrivent un rire forcé. Je prescris le rire naturel, beaucoup plus sain, quelles que soient les doses – je n'ai d'ailleurs jamais entendu parler de surdosage avec ce produit !

Méfiez-vous du rire en boîte dont les nutriments essentiels ont été transformés... Privilégiez le rire complet et faites de l'humour l'ingrédient de base de votre régime.

Ma prescription

Posologie : prendre au minimum trois fois par jour une bonne dose de rire complet de quelque origine que ce soit : vie quotidienne, films, bandes dessinées, musique, livres... Lorsque l'envie de rire vous prend, ne tentez rien pour la réprimer sous peine de minimiser les effets positifs de ce puissant remède. Laissez s'exprimer fortement et clairement le rire qui est en vous. Tant pis pour les bonnes manières, riez à gorge déployée !

Suivez scrupuleusement ce traitement 365 jours sur 365, votre vie n'en sera que plus longue et plus belle.

Indications thérapeutiques et effets : pour privilégier l'occurrence de crises d'euphorie dues à des sensations associées au rire. Les sourires prennent de l'ampleur, le corps est tendu et des secousses peuvent se produire. Effets désirables : diminution du stress.

Précautions d'emploi : le rire gras peut occasionner des grognements et des battements de bras et de mains. Veillez à avoir suffisamment de place autour de vous afin de ne pas heurter quelqu'un. À certaines périodes de la vie, les doses doivent être augmentées afin de mieux surmonter les difficultés.

Interactions : un rire partagé peut donner naissance à une relation durable.

Précaution d'emploi : n'hésitez pas à déboucher le flacon à la moindre occasion et à en faire profiter les autres.

200 calories par jour.

Ce que vous devez retenir

→ Vous avez déjà en votre possession tous les outils vous permettant de partir à la recherche de l'humour.

→ Partagez votre sens de l'humour : deux sourires valent mieux qu'un.

→ Riez de vous-même.

→ Suivez un régime sain et non restrictif à base de rire complet.

Chapitre 15

Trouver son équilibre

Dans ce chapitre

- → Comment faire du bien à votre corps
- → Comment enrichir votre esprit
- → Comment nourrir votre âme
- → Comment apporter votre contribution à la communauté

Les courriels urgents, les réunions qui n'en finissent plus, les enfants à véhiculer ici et là, les voitures pare-choc contre pare-choc dans les embouteillages, les téléphones portables qui ne cessent de sonner, les budgets serrés, la carrière à tout prix, les échéances à respecter... : autant d'exemples qui illustrent le monde dans lequel nous vivons aujourd'hui. Comment faites-vous pour répondre à ces multiples demandes qui vous poussent dans différentes directions ? Comment réussissez-vous à vous satisfaire de la vie trépidante que vous menez ? Comment parvenez-vous à vous sentir épanoui(e) ? Comment pouvez-vous avoir une bonne estime de vous ?

Toutes ces questions sont complexes. Mais vous disposez des outils pour y répondre. Ce genre d'introspection ne se fait pas en 5 minutes, vous devrez analyser votre personnalité, faire preuve de réalisme et prouver votre volonté d'évoluer. Je vous avais prévenu(e) : la tâche est ardue.

Avant tout, sachez que pour réussir votre vie il est impératif de parvenir à un équilibre entre les « quatre fondamentaux » que sont le corps, l'esprit, l'âme et la communauté. Ils sont les fils qui constituent la trame et la chaîne de votre vie. Si certains s'usent ou lâchent, la toile sera fragilisée et votre vie risque d'en pâtir. Il est donc impératif que vous passiez maître dans l'art du tissage. Au travail !

Une dose d'inspiration

Avoir le courage de commencer.
J'ai dépensé une fortune
dans un trampoline,
un vélo d'appartement,
un rameur,
et des gadgets en tout genre
pour prendre mon pouls,
évaluer mes progrès,
et montrer aux autres
tous les kilomètres parcourus.
Mais ce qui me manque,
c'est l'essentiel,
le gadget qui va me donner
le courage de commencer.

Retrouver la forme : essayer ne suffit pas

Imaginez le scénario suivant : vous êtes assis(e) dans votre fauteuil préféré et vous regardez la télévision, les jambes en appui sur un repose-pieds. C'est le 1er janvier et vous sentez les kilos superflus qui se sont amoncelés pendant les fêtes. Pour une raison qui vous échappe, les annonces publicitaires pour diverses bières alternent avec les publicités vous proposant de « retrouver la forme »...

Vous vous dites qu'il est temps de prendre des résolutions pour la nouvelle année et de retrouver la forme. Vous décidez donc de faire des exercices physiques et vous vous attelez à la tâche.

Deux semaines s'écoulent, et vous voici le 15 janvier. Vous êtes toujours assis(e) dans votre fauteuil préféré, les jambes en appui sur un repose-pieds. Sur le petit écran, les annonces publicitaires pour « retrouver la forme » défilent sous vos yeux. Vous vous dites : « J'ai essayé mais ça n'a pas marché. »

Vous êtes maintenant éligible pour devenir membre du club des « J'ai essayé de retrouver la forme » qui compte déjà des millions d'adhérents : c'est l'un des plus populaires au monde. Votre adhésion vous permet de bénéficier de tous les droits et privilèges conférés aux personnes qui « ont essayé », c'est-à-dire les crises cardiaques, l'obésité, les accidents vasculaires cérébraux (AVC), les essoufflements, la fragilisation des os... Je m'arrête là car la liste serait trop longue.

La Volkswagen attitude

Le Pr Kenneth Pelletier affirme que nous avons tous la « Volkswagen attitude ». Nous nous mettons en route et nous avalons les kilomètres jusqu'à ce qu'une panne se produise ; nous nous précipitons alors chez le garagiste (en l'occurrence le médecin) pour qu'il nous répare.

« Et quel mal y a-t-il à cela ? » me direz-vous. Merci de poser cette question à laquelle plusieurs réponses s'imposent :

1. Les pièces de rechange sont plus difficiles à trouver que pour une Volkswagen.

2. Les pièces sont plus fragiles et plus difficiles à mettre en place.

3. Trop souvent, il n'y a pas de seconde chance et aucune réparation n'est envisageable. Une crise cardiaque ou un AVC vous tue ou vous handicape à vie.

Il est donc temps de faire une révision complète !

Pratiquez la prévention

La prévention commence et finit avec vous. Il est parfois difficile de comprendre à quel point elle est essentielle, car les efforts fournis ne sont pas récompensés instantanément mais à long terme, ce qui n'est pas toujours facile à accepter.

À garder en mémoire

Mieux vaut prévenir que guérir.

Le syndrome « postvention »

Trop souvent, les personnes veulent faire de la prévention après avoir eu un problème de santé. Mais il n'est alors plus possible de parler de prévention. Dans ce cas, il s'agit de « postvention ». Malheureusement, il est souvent trop tard, le mal ayant déjà été fait.

Je vous propose de relever un défi. Si vous êtes touché(e) par le syndrome « postvention », représentez-vous ce que serait votre vie si vous étiez malade. Utilisez cette image mentale comme catalyseur afin de ne plus faire de la « postvention » mais plutôt de la prévention.

Devenez un pro de l'aérobic

C'est Kenneth H. Cooper, médecin et chercheur américain, qui a introduit le terme aérobic en 1968. Ce mot vous est certainement familier, et vous savez notamment que l'aérobic est une activité physique qui contribue à protéger le système cardio-vasculaire. Mais connaissez-vous concrètement les bienfaits de l'aérobic sur la santé ? Sachez qu'en pratiquant une heure d'exercice physique par semaine…

Paroles d'un sage

Les exercices que vous avez du plaisir à pratiquer sont ceux qui vous font du bien.

1. vous augmentez la densité de votre réseau capillaire ;
2. vous sollicitez vos poumons et augmentez votre capacité pulmonaire ;
3. vous tonifiez le muscle cardiaque ;
4. vous augmentez la capacité de guérison de votre corps ;
5. vous augmentez la quantité de sang circulant dans votre corps, qui passe de 5 litres à 6 litres.

Visitez la pyramide

La pyramide représentée ci-contre renferme des trésors incroyables. Il n'y a pas d'hiéroglyphes à décrypter mais vous pourrez y trouver une multitude d'idées et une véritable sagesse. Les bienfaits qu'elle vous procurera sont multiples.

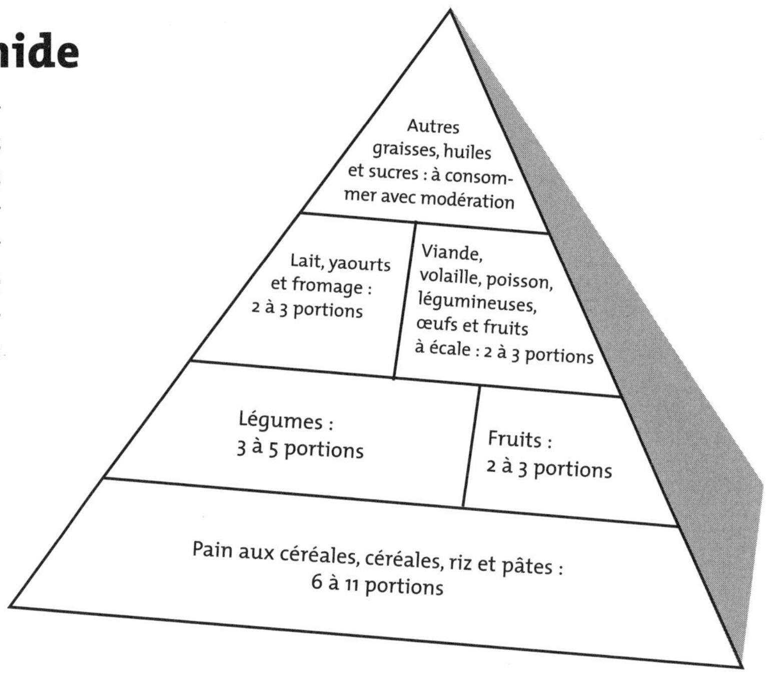

La pyramide alimentaire
Nombre de portions recommandées au quotidien

L'un des principaux avantages de cette pyramide est l'ensemble des conseils qui découlent de sa structure même et qui pourront vous aider à faire vos courses et à préparer vos repas pour la semaine.

Citation

« Consommez les produits qui ont subi le moins de transformation. »

Pr Kenneth Pelletier.

Vous vous êtes sans doute déjà demandé : « Qu'est-ce que je vais préparer à manger pour ce soir ? » En regardant la pyramide alimentaire, certains indices vous sautent aux yeux. D'un simple coup d'œil, vous savez quels sont les aliments que vous devez absolument consommer et le nombre de portions recommandées.

Besoin d'un petit coup de pouce ?

Vous est-il déjà arrivé de consommer des aliments sans vous préoccuper de savoir s'ils fournissaient ou non de l'énergie à votre corps ? Êtes vous un(e) adepte des fast-foods ou des crèmes glacées ?

Je peux vous aider à prendre conscience des aliments que vous devez donner à votre corps et des quantités requises. Lorsque vous aurez acquis ces notions nutrionnelles de base, vous pourrez mettre en place des changements positifs dans votre alimentation.

Je ne prétends pas que vous n'allez plus jamais commettre d'erreurs, mais si vous adoptez la philosophie de la modération et si vous comprenez que vous pouvez considérablement améliorer la manière de vous nourrir, une chose est sûre : votre corps vous dira « merci ».

L'image du corps

L'homme a toujours été obsédé par l'image de son corps, souvent au détriment de son propre bien-être. Ainsi, pendant de nombreuses années, la poupée Barbie au corps parfait a été la référence. Or personne ne pourra jamais l'égaler. D'ailleurs elle-même a changé au fil du temps : la taille de guêpe et la poitrine plantureuse d'autrefois ont disparu au profit d'une silhouette plus proche de la réalité.

N'essayez pas de ressembler à une poupée ni à qui que ce soit d'autre, essayez de découvrir l'image du corps qui correspond à votre personnalité unique au monde. Vous pouvez changer certains attributs (vos cheveux, votre poids, votre vocabulaire) à condition que vous ne le fassiez pas dans le but de vous faire aimer des autres. Acceptez-vous tel(le) que vous êtes et prenez conscience de vos atouts.

Citation

« Lorsque tu fais un festin, souviens-toi que tu nourris deux invités, ton corps et ton âme.
Ce que tu donnes à ton corps, tu as tôt fait de le perdre.
Ce que tu donnes à ton âme, tu le gardes pour toujours. »

Épictète.

Nourrir son esprit : réprimer sa faim

Il n'y a jamais eu autant de livres ayant trait à l'âme et au développement personnel qu'aujourd'hui. Cet engouement n'a rien d'une lubie mais traduit un vide spirituel.

L'architecture de l'âme

Pour nombre d'individus, l'âme reste un mystère qui attend d'être libéré de ses chaînes pour servir de guide à leur vie. Pourquoi sommes-nous aussi réticents pour partir à la recherche de nous-même et pour découvrir les richesses de notre âme ?

Est-ce parce que nous sommes submergés par une multitude d'informations, que tout va trop vite, que nous devons prendre nos décisions dans l'urgence, que notre mode de vie est étourdissant que nous pensons ne pas avoir suffisamment de temps à consacrer à la découverte de notre âme ?

Comment expliquez-vous le fait que vous ne partez pas à la découverte de votre être spirituel ? La tâche vous paraît trop ardue ? Les réponses ne vous semblent pas concrètes ? Vous avez peur de l'inconnu ? L'incertitude est un partenaire qui ne peut être évincé dans le processus du développement de l'âme.

Lorsque nous travaillons, nous nous investissons dans l'analyse de données diverses et variées, mais nous oublions souvent de nous investir dans l'analyse de notre propre personne et de pratiquer l'introspection. Cette observation de soi est difficile mais permet de faire la part des choses afin de prendre les décisions les plus efficaces et les plus mesurées.

Un passage obligé

Au risque de laisser s'installer l'apathie, la dissension, la tristesse, le chaos et les désillusions, ne laissez pas la frénésie de la vie, les pressions professionnelles, le désir de gravir les échelons et les problèmes auxquels vous êtes confronté(e) faire en sorte que vous ne sachiez plus ce qui se passe au niveau de votre âme.

Pour vous épanouir, vous devez chercher, explorer et découvrir qui vous êtes, ce qui implique que vous vous posiez des questions épineuses telles que :

- Qui suis-je ?
- Quel est mon but dans la vie ?
- Quelles sont mes valeurs ?

- Comment puis-je changer les choses au sein de ma famille, dans mon travail et dans ma communauté ?

Certes, ces questions sont complexes... Faites travailler vos méninges : que veulent-elles réellement dire ? Vous avez le droit de ne pas être immédiatement en mesure de donner des réponses concrètes. Vous allez découvrir que plus vous vous débattrez avec de telles questions, mieux vous vous connaîtrez. Le risque est que les réponses changent constamment, car vous-même changez constamment.

Citation

« On m'a récemment raconté l'histoire – je suppose qu'elle n'est pas vraie – d'un homme qui est tombé du haut d'une falaise. Dans sa chute, il a réussi à s'agripper à la racine d'un arbre. Suspendu au-dessus du vide, il se mit à prier. C'est alors qu'il entendit Dieu lui demander : "Crois-tu vraiment en moi ?" "Oui !" répondit l'homme dont la vie était en jeu. "Me fais-tu confiance ?" continua Dieu. "Oui, oui !" répondit l'homme. La voix de Dieu se fit à nouveau entendre : "Eh bien ! Je veillerai à ce que tu sois sauvé. Maintenant fais ce que je te dis... Lâche la racine." »

John Powell.

Cultivez ce merveilleux esprit qui est le vôtre

Quels que soient votre bagage scolaire et votre expérience professionnelle, chaque jour qui se lève marque le commencement de votre éducation. Vous apprendrez tout au long de votre vie – que je vous souhaite la plus longue possible.

Passer à l'action

Accordez-vous chaque jour 20 minutes pour entrer en contact avec votre être spirituel.

Il y a plusieurs années déjà, on m'a raconté une histoire sur le philosophe romain Caton : à l'âge de quatre-vingts ans, il a décidé d'apprendre le grec. Lorsque ses amis ont eu vent de cette idée, ils se sont précipités chez le philosophe et lui ont demandé : « Pourquoi veux-tu apprendre le grec à ton âge ? » En se caressant la barbe, le vieil homme répliqua avec sagesse : « Parce que je ne serai jamais aussi jeune que je le suis aujourd'hui. »

Un engagement courageux

Vous ne serez jamais plus jeune qu'aujourd'hui, saisissez donc toutes les opportunités que vous offre la vie pour apprendre. À qui cela profitera-t-il ? À vous et à toutes les personnes de votre entourage dont la vie quotidienne est influencée par ce que vous faites - et elles sont nombreuses.

Citation

« La vie doit être une éducation incessante ; il faut tout apprendre, depuis parler jusqu'à mourir. »

Gustave Flaubert.

Vous pouvez faire une multitude de choses pour « cultiver » votre esprit. Je me contenterai de ne citer que quelques exemples :

- Prenez des cours.
- Allez à la bibliothèque.
- Visitez un musée.
- Visitez un pays étranger.
- Partez une demi-journée à l'aventure.
- Lisez des articles portant sur le(s) sujet(s) ayant trait à votre spécialité.

Faites tout ce qui est en votre pouvoir pour stimuler votre esprit.

La vraie communauté est un sentiment – non un lieu

Une communauté est une notion plus subjective qu'objective. La définir comme un « endroit regroupant des personnes partageant les mêmes aspirations, intérêts, etc. » est simpliste, car il n'est pas nécessaire de faire physiquement partie d'une communauté pour y appartenir. Le terme « communauté » au sens d'appartenance est plus complexe. Appartenir à une communauté demande du temps et implique de s'engager.

Citation

« Combien de personnes rencontrons-nous dans nos maisons auxquelles nous parlons à peine, bien que nous les connaissions et qu'elles nous connaissent. Combien de personnes croisons-nous dans la rue ou côtoyons-nous à l'église que nous remercions silencieusement d'être avec nous ? »

Ralph Waldo Emerson.

Pourquoi la communauté est-elle aussi importante ?

La communauté est importante pour plusieurs raisons :

Citation

« J'ai remarqué que lorsque des poulets cessent de se battre pour la nourriture, ils s'aperçoivent souvent qu'il y en a suffisamment et que chacun aura sa part. Je me demande si les humains ne se comportent pas parfois comme des poulets. »

Don Marquis.

- pour répondre aux besoins des uns et des autres ;
- pour tirer profit de la synergie résultant des membres appartenant à la communauté ;
- pour renforcer les liens entre les personnes ;
- pour apprendre à respecter autrui ;
- pour enrichir la qualité de la vie en collectivité.

S'engager et devenir un véritable partenaire

Citation

« L'influence d'une personne belle, obligeante et pleine d'espoir est contagieuse et peut révolutionner toute une ville. »

Eleanor Porter.

La communauté, c'est moi, c'est vous, c'est nous. En vous impliquant et en joignant vos talents à ceux des autres, vous deviendrez un élément essentiel de la communauté.

Prenez un instant et pensez à la communauté à laquelle vous appartenez. Qu'est-ce qui a suscité votre engagement ? L'éducation ? les enfants ? l'environnement ? Transformez la passion qui vous anime en action au service de votre communauté. Ne sous-estimez pas ce que vous pouvez apporter, car vous ne pouvez faire de plus grand don que celui de vous-même.

Les bienfaits de la communauté

Plus vous vous impliquerez dans votre communauté, plus votre entourage et vous aurez à y gagner.

- Vous rencontrerez des gens incroyables.
- Vous apprendrez beaucoup.

- Vous pourrez changer les choses.
- Vous pourrez enrichir la vie des autres.
- Vous aurez l'impression que la communauté vous appartient.
- Vous vous amuserez !

Citation

« Peut-être sera-t-il possible de réaliser ce rêve ultime : réunir l'humanité entière en une seule communauté. Cependant, avant cela, la science n'aura-t-elle pas définitivement échappé au contrôle de l'homme ? »

Tadao Andÿ.

Ce que vous devez retenir

→ Pour bien vivre, veillez à ce que votre corps soit en bonne santé.

→ Prenez grand soin de votre esprit.

→ Partez à la découverte de votre âme.

→ Votre communauté et vous êtes interdépendants.

QCM

1 – À quel type de manège la vie s'apparente-t-elle parfois ?

❑ **A** - aux autos tamponneuses
❑ **B** - au palais des glaces
❑ **C** - aux montagnes russes

2 – De quoi les êtres humains ont-ils besoin ?

❑ **A** - de vivre des sensations fortes
❑ **B** - de se surpasser
❑ **C** - de trouver un équilibre dans leur vie

3 – Quel est l'un des axes fondateurs d'un programme de développement personnel ?

❑ **A** - la prise de conscience
❑ **B** - la participation
❑ **C** - l'évaluation

4 – Que penser des obstacles ?

❑ **A** - il faut s'efforcer de tous les éliminer
❑ **B** - ils peuvent être bénéfiques
❑ **C** - il faut agir comme s'ils n'existaient pas

5 – Que se passera-t-il si vous mettez le compteur Geiger de votre cerveau sur la position « humour » ?

❑ **A** - vous vous souviendrez plus facilement des histoires drôles
❑ **B** - vous discernerez de l'humour partout
❑ **C** - vous développerez votre sens de l'humour

6 – Comment détecter l'humour intentionnel au quotidien ?

❑ **A** - en lisant des BD humoristiques
❑ **B** - en observant vos enfants
❑ **C** - en écoutant parler des personnes qui vous font rire

7 – Lequel ne fait pas partie des « quatre fondamentaux » pour réussir sa vie ?

❑ **A** - l'esprit
❑ **B** - la communauté
❑ **C** - le désir

8 – La communauté, c'est avant tout…

❑ **A** - un sentiment
❑ **B** - un lieu
❑ **C** - une institution

Réponses

1:C-2:C-3:A-4:B
5:B-6:A-7:C-8:A

Nombre de bonnes réponses ❑

Si vous avez au moins 6 bonnes réponses, passez au chapitre suivant, sinon… faites quelques révisons !

Partie 6 La prise de décision à la portée de tous

Avez-vous du mal à faire un choix ? Tenez-vous toujours les autres pour responsables de ce qui vous arrive dans la vie ? Passez-vous votre temps à dire « Je devrais » ? Si oui, vous avez manifestement un problème quant à la prise de décision ! Réfléchissez-y et vous vous apercevrez que nombre de choses que vous preniez jusqu'alors pour argent comptant peuvent être remises en question, voire contestées. Vous établirez des liens nouveaux et plus forts avec les personnes qui vous entourent et vous reconsidérerez les limites qui semblent s'imposer à vous afin qu'elles ne vous empêchent plus d'agir.

Chapitre 16

Choisir : un défi que vous devez relever

Dans ce chapitre

- → Comment devenir un décideur dynamique
- → Découvrir votre *locus* de contrôle
- → Comment prendre des décisions éthiques
- → Qui a fait ce choix ?

Décider, encore et toujours décider ! Décider que manger, comment s'habiller, quelles personnes fréquenter, dans quelle école aller, à quoi croire ou qui être... À votre avis, combien de décisions prenez-vous chaque jour ? N'essayez même pas de compter, il y en a trop !

Les décisions prises par l'esprit conscient constituent en quelque sorte la partie émergée de l'iceberg. C'est sur elles que nous nous polarisons et elles que nous analysons lorsque nous sommes confrontés à un choix. Elles sont cependant nettement moins nombreuses que celles prises au niveau du subconscient, mais elles nécessitent beaucoup plus d'énergie.

Vos choix vous appartiennent

Nous développons tous un instinct de propriété - nous voulons notamment être propriétaires de notre maison et de notre voiture. Nous vivons dans un monde de l'acquisition. Tout doit nous appartenir... sauf parfois nos choix. En effet, puisque nos choix nous appartiennent, nous devons accepter notre part de responsabilité, or cela peut être angoissant.

> **À garder en mémoire**
>
> Le choix vous appartient.

Choisir est en fait la plus belle chose que vous puissiez posséder. On dit d'ailleurs « avoir le choix ». Vous êtes l'artiste, et les choix sont les couleurs avec lesquelles vous peignez la toile de votre vie. Alors n'attendez plus, créez !

Trouver des boucs émissaires

Vous souvenez-vous du temps où vos parents décidaient à votre place ? Vous râliez, mais souvent - même si vous refusiez de l'admettre - vous étiez ravi(e) que ce soit à eux de prendre les décisions. En effet, tant que vous n'aviez pas à faire de choix, votre responsabilité était dégagée. En réalité, si la décision n'était pas la bonne, c'était leur faute, alors que si tout marchait parfaitement, vous vous attribuiez cette victoire !

> **Paroles d'un sage**
>
> L'un des plus grands paradoxes de la vie est le suivant : « Je veux avoir le choix mais je ne veux pas choisir. »

On sait que les êtres humains essaient généralement de trouver un bouc émissaire lorsqu'une situation tourne mal. Or si quelqu'un prend une décision à votre place, vous ne pouvez pas être tenu(e) pour responsable - c'est la personne qui a pris la décision qui l'est. Vous pouvez alors dire : « Ça n'a pas marché parce qu'elle a pris cette décision », « elle » étant le bouc émissaire.

Si vous êtes malheureux (-se), insatisfait(e), déçu(e) par la vie, le fait de trouver des boucs émissaires peut vous permettre de dégager votre responsabilité. Si rien ne va, ce n'est pas votre faute mais celle des autres !

Ce que vous ignorez, c'est que lorsque vous pointez du doigt une tierce personne, d'autres doigts sont pointés sur vous. Vous êtes entièrement responsable de votre bien-être et il est grand temps que vous réfléchissiez à la prise de décision. Considérez chaque décision comme une nouvelle aventure. Non seulement vous avez le contrôle sur votre vie, mais ce contrôle est absolu. Alors oubliez les boucs émissaires !

> **Citation**
>
> « Le bonheur est un choix conscient et non une réponse automatique. »
>
> Mildred Barthel.

Le pays des « Je devrais »

Lorsque j'étais à l'université, un professeur nous a parlé des habitants du pays des « Je devrais ». Il les plaignait beaucoup, car outre le fait qu'ils agissent uniquement par obligation ou par devoir moral, ses autochtones accordent une place minime à leurs convictions intimes et laissent de côté leur propre personnalité. Dans ce pays, les décisions ne sont pas prises pour soi mais par rapport aux autres. Chacun vit en fonction des aspirations et des rêves d'autrui.

Le défi que vous devez relever aujourd'hui est de vivre vos propres rêves et de suivre le conseil de mon professeur, à savoir quitter le pays des « Je devrais » et vivre pour vous-même.

Le *locus* de contrôle : interne, nocturne, externe

Imaginons le scénario suivant. Vous vous trouvez dans la quincaillerie de la vie. Vous prenez un chariot afin de transporter tout le matériel que vous voulez acheter, puis vous lisez les panneaux pour trouver l'allée des décisions. Lorsque vous l'avez localisée, vous cherchez les rayons réservés aux *loci* de contrôle et là vous découvrez que vous avez le choix entre trois qualités différentes : le *locus* de contrôle interne, le *locus* de contrôle nocturne et le *locus* de contrôle externe. En bon consommateur, vous comparez les différentes qualités. Attention ! Pour vous forger une opinion, il est indispensable que vous lisiez les fiches descriptives.

> **Citation**
>
> « Fuyez les personnes qui essaient de déprécier vos ambitions. Les petites gens agissent toujours ainsi alors que les grands esprits font tout pour que vous ayez le sentiment de pouvoir vous aussi être grand. »
>
> Mark Twain.

- **Le *locus* de contrôle interne :** j'ai le pouvoir, j'ai le contrôle. Les décisions que je prends viennent de moi. Mes décisions sont dictées par mon âme, elles sont à l'intersection de mes croyances, de mes actes et de mes paroles. Je décide de mon avenir et de ma vie. Je ne réagis pas, j'agis. Je n'attends pas d'être confronté(e) à un problème pour prendre les choses en main.
- **Le *locus* de contrôle nocturne :** je suis un somnambule. Je me tourne et me retourne. Je ne vis pas dans la réalité mais dans mes rêves, comme si j'étais un acteur et que je jouais dans un film. J'erre sans but. Tant que je dors, la vie est belle - sauf si je fais un cauchemar, évidemment. Je passe mon temps à dormir.

- **Le *locus* de contrôle externe :** vous avez autorité sur moi. Les influences externes contrôlent ma vie. Je prends mes décisions en fonction de ce que veulent les autres. Mon présent et mon avenir sont définis par des sources extérieures. Je n'agis pas, je subis.

Citation

« Le bien que nous faisons aujourd'hui devient le bonheur de demain. »

Proverbe chinois.

Quel *locus* de contrôle choisissez-vous ?

Avez-vous identifié des moments où votre *locus* de contrôle interne prend le dessus, et d'autres où c'est le *locus* de contrôle externe ? Si oui, quand cela se produit-il ?

Citez trois exemples (sentiments, circonstances) où votre *locus* de contrôle interne prend le dessus :

1. ....

....

2. ....

....

3. ....

....

Citez trois exemples (sentiments, circonstances) où votre *locus* de contrôle externe prend le dessus :

1. ....

....

2. ....

....

3. ....

....

Une dose d'inspiration

Face à un mur, que faire ?
Vous pouvez le regarder.
Vous pouvez le détruire.
Vous pouvez l'escalader.
Ou vous pouvez creuser une ouverture.

Puis faites le dernier test : sur le continuum des *loci* de contrôle, indiquez où vous passez le plus de temps.

Interne <--------------------------------> Externe

Le but est de vous approcher le plus possible du *locus* de contrôle interne. Prenez votre vie en main !

Accepter sans faire d'exception

Acceptez d'avoir la possibilité de choisir. Vous êtes aux commandes et c'est vous qui appuyez sur les boutons, qui entrez les données, qui gérez les émotions et qui maintenez l'équilibre. Si vous n'entrez pas dans la peau du pilote, vous êtes perdu(e). Vous risquez de vous retrouver là où les autres veulent que vous soyez mais pas nécessairement là où vous voulez être.

Citation

« Ce n'est point parce que les choses sont difficiles que nous ne devons pas oser. C'est parce que nous n'osons pas que les choses sont difficiles. »

Sénèque.

Si vous refusez de faire certains choix et de prendre la responsabilité de choisir votre itinéraire, il vous faudra payer le prix fort, c'est-à-dire avoir une vie qui ne vous satisfait pas.

Le paradoxe du contrôle

Citation

« Je ne connais rien de plus encourageant que la faculté incontestable de l'être humain à élever sa vie par un effort conscient. »

Henry David Thoreau.

Même si vous acceptez de prendre le contrôle et d'être responsable de vos choix, nombre d'événements échapperont à votre contrôle – ne serait-ce que le temps qu'il fait, les marchés financiers et la mode en matière de longueur des jupes. Cependant, il vous sera toujours possible de choisir et de vous demander : « Comment vais-je réagir face à cet événement ? » C'est toujours vous qui décidez de votre comportement !

Les décisions qui s'offrent à vous

Quels types de décision s'offrent à vous ? Les décisions consensuelles, démocratiques, autocratiques, les décisions dictées par les sentiments ou la réflexion, les décisions par défaut et les décisions à court ou à long terme. Je m'arrêterai là, car la liste serait trop longue – tout du moins pour moi. N'oublions pas que mon objectif est de démythifier la prise de décision.

Comment réussir alors à prendre une décision ? Je décris ci-dessous un processus type qui devrait vous y aider. Ce modèle est en quelque sorte la synthèse de travaux effectués par de nombreux philosophes et décideurs dynamiques.

La prise de décision dynamique

Le processus type correspondant à la prise de décision dynamique repose sur les cinq points suivants :

1. Déterminez si une décision est éthique ou si elle est parfaitement « normale ». Dans le premier cas, passez au point n° 2, sinon allez directement au point n° 5.
2. Si la décision est d'ordre éthique, passez en revue les questions réunies dans l'inventaire ci-après.
3. Si vous êtes arrivé à la conclusion que la décision est d'ordre éthique et doit être menée à bien, reportez-vous au point n° 5 concernant les décisions « normales ». Dans le cas contraire, passez au point n° 4.
4. Stop ! N'allez pas plus loin.
5. Suivez les étapes permettant de prendre une décision « normale ».

Il n'est jamais facile de décider si une action est d'ordre éthique. Après tout, chacun a ses propres lignes de conduite. Sur quels critères vous appuyez-vous ? Selon moi, chacun doit se poser trois questions afin de simplifier un processus compliqué.

- **La décision correspond-elle à ma personne ?** Référez-vous à la notion d'intégrité évoquée au début de cet ouvrage et au parfait accord qu'il doit y avoir entre les paroles, les actes et les croyances de chacun. Posez-vous la question suivante : « L'action envisagée est-elle en accord avec mes convictions les plus profondes, correspond-elle à l'image que je veux que les autres aient de moi et aux propos que je tiens ? »

Passer à l'action !

Mémorisez les trois questions qui doivent vous permettre de prendre une décision d'ordre éthique. Cela ne vous prendra que deux minutes mais vous servira toute la vie.

- **Suis-je sincère en choisissant cette solution ?** Un observateur objectif dirait-il que l'action va avoir le résultat escompté, ou qu'il s'agit d'une action égoïste ou d'une action permettant d'éluder la vraie question ?
- **Est-ce que cette action va profiter à ma communauté ?** Est-elle conforme aux idées défendues par ma communauté ? Va-t-elle me permettre de resserrer les liens entre ma communauté et moi, ou au contraire nous éloigner ? Attention, toutes les actions morales ne feront pas forcément le bonheur de vos voisins !

Passons maintenant au processus type correspondant aux décisions dites « normales », qui repose sur le travail des théoriciens et des défenseurs du pragmatisme. Le processus suit les huit étapes suivantes :

1. Définissez le problème.
2. Rassemblez des informations provenant du plus grand nombre de sources différentes. Plus vous vous fiez à vos propres informations, moins votre décision aura de l'effet.
3. Trouvez une solution de rechange – voire plusieurs. Ne vous arrêtez pas à la première solution qui vous semble plausible, mais explorez toutes les possibilités. Plus vous aurez d'options, plus vous aurez de chances de faire le meilleur choix.
4. Examinez la conséquence de chaque solution.
5. Faites une pause de 24 heures.
6. Revenez sur le problème et assurez-vous qu'il a été correctement identifié.
7. Mettez en place la décision prise et conformez-vous-y.
8. Faites le bilan de ce que vous avez appris grâce à cette décision.

Laisser mûrir les choses

Revenons sur le point n° 5 : « Faites une pause de 24 heures. » Ce point est primordial, notamment pour les décisions importantes qui vous laissent perplexe. Assemblez le plus d'informations possible et concentrez toute votre énergie sur la résolution du problème. Si vous ne parvenez pas à trouver une solution, faites une pause : chassez le problème de votre tête – il n'a plus sa place dans votre esprit

Citation

« Les deux cadeaux que la vie vous fait sont le temps et la possibilité de choisir comment le dépenser. Planifier son temps est un choix parmi d'autres. Si nous ne le faisons pas, les autres le font pour nous. »

Richard Winwood.

conscient ; à chaque fois qu'il tente de refaire surface, ignorez-le. Le but est de solliciter votre intuition et votre logique pour qu'elles travaillent en symbiose.

Lorsque vous faites une pause, vous libérez des voies nerveuses qui vous permettent d'accéder à un niveau supérieur dans le processus, et il y a de grandes chances pour que la solution vous semble soudain évidente.

Regretter sa décision

Avez-vous déjà pris une décision et regretté aussitôt de ne pas avoir choisi la seconde option qui s'offrait à vous ?

- « J'aurais dû prendre l'autre décision. »
- « Je ne sais pas pourquoi je n'ai pas choisi l'autre solution. »
- « Cette décision ne va pas m'emmener là où je veux. »
- « Je sais que cette décision ne marchera pas. »

Citation

« Il y a quelque chose de drôle au sujet de la vie : si vous refusez tout hormis ce qu'il y a de mieux, vous l'obtenez souvent. »

W. Somerset Maugham.

Pourquoi revenez-vous sur la décision que vous avez prise ? Pourquoi avez-vous besoin de toujours vous dire que vous avez fait le mauvais choix ?

Est-ce parce que vous avez peur de réussir ? Est-ce parce que vous voulez éviter d'être responsable du fait que la décision prise aboutit à son résultat ?

Quelle qu'en soit la raison, pour apaiser votre esprit et prendre confiance en vous, vous allez devoir fouiller dans la pharmacie de la vie et prendre une bonne dose d'élixir.

Élixir recommandé à toutes celles et à tous ceux qui pensent ne pas avoir fait le bon choix :

2 doses d'expérience

1 dose de concentration sur la décision prise

3 doses d'action pour mettre en place la décision prise

2 doses de concentration sur les résultats positifs consécutifs à la décision prise

3 doses d'aide à autrui pour que la décision porte ses fruits

5 doses d'intuition

Chaque problème ayant plusieurs solutions, vous pouvez passer votre vie à vous demander : « Et si j'avais pris une autre décision ? » Cela ne sert à rien, si ce n'est à vous faire dépenser de l'énergie et à épuiser des ressources précieuses.

Plus vous ressasserez de doutes quant au choix que vous avez fait, moins vous aurez de chances de réaliser vos rêves. Les doutes sont en quelque sorte une manière de saboter votre travail. Or il y a suffisamment de raisons d'échouer dans la vie pour ne pas en rajouter et saboter ses propres entreprises.

Prenez une décision délibérée et lancez-vous !

Ce que vous devez retenir

→ Vous seul(e) choisissez.

→ L'éthique avant tout !

→ Les décisions sont indissociables de la vie.

→ Ne doutez pas d'avoir fait le bon choix.

Chapitre 17

Identifier ses propres ressources

Dans ce chapitre

→ Connaître sa propre valeur

→ Devenir une pierre précieuse

→ Créer et développer un réseau

→ Comment développer sa propre valeur

Les ressources - naturelles, humaines, intellectuelles et financières - ont des répercussions diverses et variées sur nos vies. Elles nous permettent de vivre mieux, à condition de savoir les exploiter et en tirer le meilleur parti.

Certaines ont beaucoup plus de valeur que d'autres. Mais comment peut-on mesurer la valeur d'une ressource ? La plupart du temps, nous avons recours par défaut au « paradigme économique pour l'évaluation de la valeur des ressources » (vous devez vous dire à juste titre que si la méthode d'évaluation est aussi complexe que le titre, vous n'êtes pas au bout de vos peines !).

Paradigme économique pour l'évaluation de la valeur des ressources

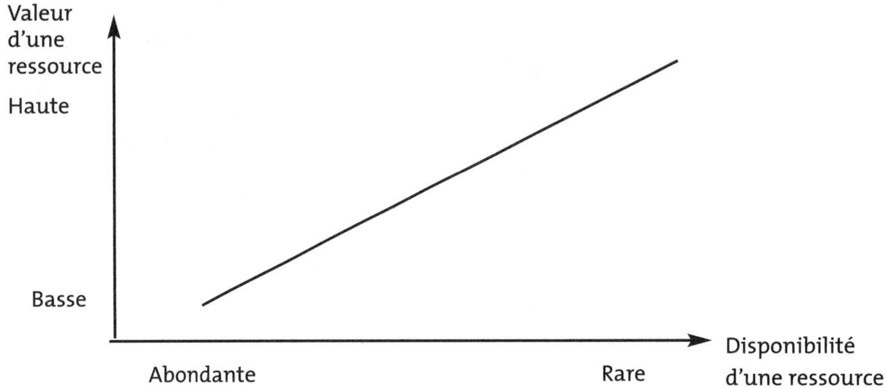

Ce graphique ferait la fierté de n'importe quel économiste. En effet, il est très simple et s'applique parfaitement aux objets inanimés. Cependant, il est inadapté dès lors que l'on veut évaluer la valeur d'un individu. Lorsque nous nous intéressons à l'être humain en tant que ressource, nous devons partir de la valeur haute pour aller vers une valeur plus haute encore.

Vous avez le potentiel de transformer la vie des individus, la vôtre y compris. Il vous suffit de décider de combien vous devez augmenter votre stock personnel de ressources.

Il y a plusieurs années, alors que je travaillais avec des adultes en grande difficulté, je me suis occupé d'une dame qui avait des pensées suicidaires. Quand je lui ai demandé pourquoi elle suivait une thérapie, elle m'a répondu : « Je suis ici à cause de ma fille. Je ne suis bonne à rien mais je dois répondre à ses besoins. »

Personne n'est bon à rien ! Nous avons tous des qualités, des talents et des compétences. Le défi que chacun d'entre nous doit relever est d'identifier ce potentiel, de le développer et de l'utiliser afin de vivre comme il le souhaite. Nous avons tous des trésors cachés et il est grand temps de les dévoiler.

Citation

« La vie a de l'éclat lorsque nous découvrons les joyaux qui sont en nous et que nous dévoilons toutes les facettes de notre être. »

Rusty Berkins.

Voyons comment modifier notre mode d'évaluation afin qu'il puisse s'appliquer aux êtres humains.

Devenez un « chasseur de ressources ». Cherchez, identifiez et utilisez celles qui sont en vous. Développez votre propre valeur en relevant de nouveaux défis et en tirant des leçons de toute nouvelle expérience. Plus vous découvrirez d'éléments qui font de vous un être unique, plus votre vie sera exceptionnelle !

Paradigme économique pour l'évaluation de la valeur d'un être humain

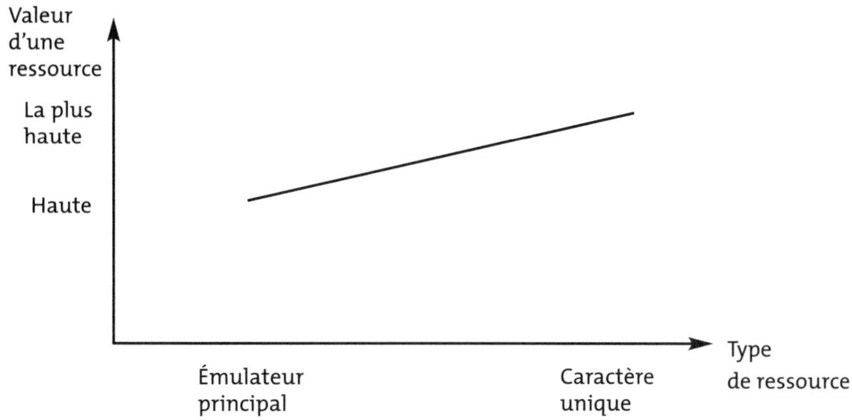

La véritable pierre précieuse, c'est vous

Il est fascinant de contempler les facettes d'un diamant, le vert d'une émeraude ou le rouge d'un rubis brillant dans la lumière. Nous rêvons tous de posséder l'une de ces splendides pierres précieuses. Sachez que dans chacun d'entre vous se trouve une pierre précieuse. Vous ne pouvez certes pas la toucher, mais elle constitue l'essence de votre être. Votre personnalité est une pierre précieuse dont les facettes sont façonnées par les expériences de la vie, et vous êtes le lapidaire : c'est vous qui la taillez et qui la polissez.

À la différence des autres pierres précieuses dont la valeur est quasi constante, la valeur de la vôtre augmente au fur et à mesure que vous grandissez et évoluez. Plus vous découvrez de choses, plus vous changez et plus votre vie prend de la valeur. Les expériences que vous vivez ne font que renforcer votre caractère unique. Toute nouvelle expérience est une nouvelle facette de la pierre précieuse.

Selon la vie que vous menez, cette dernière aura plus ou moins d'éclat. Elle brillera de mille feux si vous adoptez la philosophie du *locus* de contrôle interne, mais elle semblera terne si le *locus* de contrôle externe prend le dessus.

Devenez un lapidaire chevronné

Imaginez que vous êtes au cœur de la cité des pierres précieuses. Vous roulez sur l'avenue des Lapidaires qui regroupe les boutiques de pierres précieuses les plus réputées du monde. Chacune essaie d'attirer le chaland par des messages lumineux. C'est alors que vous rendez compte que les slogans publicitaires sont autant de messages que vous pouvez utiliser pour créer la plus précieuse des pierres : vous-même !

Voici quelques-uns des slogans à prendre en considération :

- Soyez au-dessus des autres.
- Secouez votre monde.
- Mettez de l'éclat dans votre vie.
- Façonnez votre intelligence. Polissez votre potentiel.
- Découvrez toutes les merveilleuses facettes en vous.
- Taillez, façonnez, polissez... Vous êtes beau (belle).

Pureté, taille et couleur

Apprenez à sublimer cette pierre précieuse qui est en vous ! Cultivez les qualités qui permettent aux gemmologistes d'estimer la valeur d'une pierre précieuse – à savoir la pureté, la taille et la couleur.

Voici une liste des caractéristiques permettant d'estimer la valeur de chacun. Quelles sont celles qui, à votre sens, vous définissent le mieux ?

La pureté

- Je me fixe des objectifs au jour le jour, pour le mois ou l'année.
- Je fais le point périodiquement afin de voir où j'en suis.
- J'ai une vision claire de l'avenir.
- Je sais quel est mon objectif dans la vie.
- Je tire des leçons de mes échecs.

La taille

- Ma réflexion porte sur ma vie ainsi que sur la vie des autres.
- J'examine ma vie sous différents aspects afin d'en comprendre toutes les facettes.
- Je fais honneur aux autres pierres précieuses, quelles que soient leurs caractéristiques.
- Je respecte les qualités qui m'ont été données.

La couleur

- Les expériences que je vis colorent la vision que j'ai du monde.
- La couleur qui est la mienne me donne une valeur unique.

- L'environnement dans lequel je vis influe sur ma vision du monde.
- Le besoin d'apprendre irradie en moi.

Reprenez chacune de vos qualités, puis définissez un but pouvant être atteint grâce à elles.

Citation

« Un but est un rêve avec une échéance. »

Anonyme.

1. LA PURETÉ

....

....

Objectif n° 1 :

....

....

Objectif n° 2 :

....

....

Ce but devrait être atteint vers le (date) : ....

Je célébrerai cette réussite de la manière suivante :

....

....

2. LA TAILLE

....

....

Objectif n° 1 :

....

....

Objectif n° 2 :

....

....

Ce but devrait être atteint vers le (date) : ....

Je célébrerai cette réussite de la manière suivante :

....

....

3. LA COULEUR

....

....

Objectif n° 1 :

....

....

Objectif n° 2 :

....

....

Ce but devrait être atteint vers le (date) : ....

Je célébrerai cette réussite de la manière suivante :

....

....

Découvrez les trésors cachés en vous

Comme n'importe quel joaillier, gemmologiste ou lapidaire, vous devez faire l'inventaire de votre stock. Mais la particularité du vôtre est qu'il n'est pas tangible. Or faire un inventaire d'éléments non tangibles n'est pas chose aisée ! Je fais ici référence aux qualités qui vous sont propres (compassion, éloquence, style littéraire, capacité d'écoute, créativité, patience, compréhension...). Il arrive malheureusement que vous

Citation

« Nous devons nous plaire les uns aux autres, faire de la vie de l'autre sa propre vie, nous réjouir ensemble, pleurer ensemble, travailler et souffrir ensemble, et toujours avoir ce sentiment d'appartenir à un même corps. »

John Winthrop.

perdiez de vue vos qualités lorsque la vie vous impose ses exigences. Vous optez alors pour un mode de survie au lieu d'un mode de renouveau (c'est-à-dire l'aptitude à savoir qui on est en évaluant et en appréciant ses qualités et en exprimant ses objectifs).

Citation

« On se demande parfois si la vie a un sens… et puis on rencontre des êtres qui donnent un sens à la vie. »

Brassaï.

Faire l'inventaire

1. Si je demandais à votre meilleur(e) ami(e) de m'énumérer trois de vos plus grandes qualités, talents ou compétences, que dirait-il/elle ?

- ……………………………………………………………………………………………
- ……………………………………………………………………………………………
- ……………………………………………………………………………………………

2. Quels sont à votre avis vos trois plus grandes qualités ou compétences ?

- ……………………………………………………………………………………………
- ……………………………………………………………………………………………
- ……………………………………………………………………………………………

3. Les réponses aux deux questions précédentes sont-elles identiques ? Si non, en quoi diffèrent-elles ?

……………………………………………………………………………………………

……………………………………………………………………………………………

4. Quelle est l'expérience qui a eu la plus grande influence sur votre vie, et qu'est-ce que cela vous a apporté ?

……………………………………………………………………………………………

……………………………………………………………………………………………

……………………………………………………………………………………………

……………………………………………………………………………………………

……………………………………………………………………………………………

……………………………………………………………………………………………

……………………………………………………………………………………………

5. Décrivez un événement qui vous a permis d'avoir une influence sur la vie d'une autre personne. (Tous les exemples sont bons : avoir tenu la main d'une personne malade ou avoir sauvé la vie de quelqu'un. Ne soyez pas restrictif [-ive]).

....

....

6. Quels sont les trois choses que vous voudriez que les autres disent de vous ?

- ....
- ....
- ....

7. Qu'avez-vous réussi de mieux à ce jour ?

....

....

....

8. Quel est actuellement le projet qui polarise toute votre attention ?

....

....

....

Relisez attentivement chaque question et chaque réponse, puis notez les deux points qui vous paraissent les plus importants. Faites le bilan sur ce que vous avez accompli à ce jour.

Devenez un spécialiste des réseaux

Qu'il s'agisse de réseaux télévisés, radiodiffusés, informatiques ou neuronaux, tous sont dotés de lignes de transmission sophistiquées (par ondes hertziennes, fibres optiques ou pistes synaptiques). Si l'infrastructure diffère, l'objectif reste le même : établir des connexions.

Nous considérons souvent les ingénieurs et les architectes des systèmes de réseaux avec respect et étonnement. Comment parviennent-ils à de tels résultats ? Comment réussissent-ils à concevoir des systèmes de connexion aussi complexes ?

S'ils méritent d'être admirés et applaudis, sachez cependant qu'ils ne vous arriveront jamais à la cheville. En effet, vous avez la capacité de mettre en place votre propre système de réseaux à plusieurs niveaux grâce auquel vous pourrez vous connecter à la vie !

Pour créer un réseau complet, autorisez-vous à passer en revue tous les aspects de votre vie : esprit, corps, âme et communauté. En mettant au point un système de réseau holistique, vous aurez plus de chances d'influencer la vie des autres et d'être influencé(e) par eux. Créer un réseau, c'est faire la différence.

La notation des réseaux

Une dose d'inspiration

Certaines personnes sortent de notre vie aussi vite qu'elles y sont entrées. D'autres prennent le temps de nous faire profiter de leur sagesse et nous ouvrent les yeux. D'autres encore embellissent notre horizon. Elles restent un moment dans notre vie et laissent des empreintes indélébiles dans notre cœur. Grâce à elles, nous ne serons plus jamais le (la) même.

Nous nous limitons trop souvent à l'idée selon laquelle une seule personne peut répondre à nos besoins, nous soutenir, nous inspirer, nous éclairer, nous réconforter, nous aimer, nous lancer un défi et nous éduquer. Or il est essentiel que nous élargissions notre réseau afin d'avoir une meilleure qualité de vie.

La manière la plus simple d'élargir votre réseau est de vous adresser aux autres. Lorsque vous secourez quelqu'un ou que quelqu'un vous vient en aide, une relation symbiotique incroyablement forte se met en place, qui permet à l'un et à l'autre d'évoluer.

Attention ! Les personnes impliquées dans notre réseau ne sont pas nécessairement des amis. Si elles le deviennent, tant mieux – mais sachez que lorsqu'on parle de réseau, l'amitié n'est pas un facteur essentiel. Une relation fondée sur un respect mutuel est amplement suffisante.

Comment élargir un réseau

Si vous croyez en les vertus du réseau, vous avez toutes les chances d'évoluer et de grandir. Cherchez des partenaires, indiquez aux autres ce que vous faites, vous découvrirez que nombre d'individus veulent faire partie de votre vie ! Voici quelques idées pour étendre votre réseau (cette liste n'étant aucunement exhaustive) :

Citation

« L'amitié ne dépend pas d'un portefeuille bien rempli mais d'un esprit plein de riches pensées et d'un cœur plein de riches émotions. »

Wilfred Perterson.

Pour créer un réseau

1. L'esprit

- Sur le plan intellectuel

Inscrivez-vous à un cours.
Adhérez à une association de lecteurs.
Visitez un musée ou une galerie d'art.

- Sur le plan émotionnel

Apprenez à gérer votre stress.
Cherchez des solutions pour développer des relations qui sauront vous enrichir sur le plan émotionnel.
Recherchez des amitiés nouvelles.

2. Le corps

Inscrivez-vous dans un club de remise en forme.
Marchez régulièrement dans votre quartier.
Participez à un séminaire afin d'apprendre à bien vous nourrir.
Fréquentez les magasins commercialisant des produits diététiques.

3. L'âme

Impliquez-vous dans une communauté spirituelle.
Priez ou méditez.
Faites le point sur vos valeurs.

4. La communauté

Portez-vous volontaire.
Si vous avez un ou des enfant(s), devenez membre de l'association des parents d'élèves de l'école.
Participez à l'organisation des événements de votre communauté.
Développez les réseaux professionnels.
Nombre d'idées fausses circulent sur la notion de réseau. Parmi elles, on peut citer :

Citation

« Il faut autant de courage pour essayer et échouer que pour essayer et réussir. »

Anne Morrow Lindbergh.

- Les réseaux ne sont efficaces que pour celles et ceux qui cherchent à évoluer sur le plan professionnel.
- Qui dit « réseau » dit « relations sur le long terme ».
- Les réseaux sont plus efficaces s'ils donnent du poids à vos idées.

- La notion de réseau est une idée nouvelle.

La vérité sur les réseaux

- Les relations qui se tissent au sein d'un réseau peuvent ne durer qu'un instant ou toute une vie.
- Chacun choisit d'appartenir à tel ou tel réseau.
- Plus votre réseau sera diversifié, plus vous aurez de chances de grandir et d'évoluer.
- Plus vous serez ouvert(e) et prêt(e) à évoluer, plus le réseau auquel vous appartenez vous sera bénéfique.
- Les négociations au sein d'un réseau sont un processus actif.
- Déterminer et annoncer vos objectifs ne peut que favoriser l'élargissement de votre réseau.

Les subtilités des interconnexions

> **Citation**
>
> « Un ami est une seule âme qui habite deux corps. »
>
> Diogène le Cynique.

Les réseaux présentent l'avantage de ne pas être limités par des structures reposant sur la hiérarchie, car ils bénéficient de la structure réticulaire des interconnexions. Ces dernières sont la substance et la surprise de toute vie. Pensez à toutes ces conversations qui se terminent par la phrase suivante : « Comme le monde est petit ! » Les événements qui suscitent cette réponse sont les phénomènes typiques des interconnexions. S'il est possible d'en découvrir par hasard, nous pouvons également susciter nombre d'entre elles, le défi étant de les utiliser pour accroître ses connaissances et enrichir sa vie.

Exposez-vous !

Vous tirez des leçons de la vie lorsque vous êtes confronté(e), de façon prévisible ou non, à quelque chose de nouveau – qu'il s'agisse d'une pensée, d'une expérience ou d'une personne. Grâce aux leçons que vous en tirez, vous ajoutez une nouvelle pièce au puzzle de votre vie. En effet, toute nouvelle connaissance contribue à faire de vous une nouvelle personne.

Et que se passe-t-il si vous vous exposez délibérément à des situations qui vous permettront d'évoluer ? Vous entrez dans l'arène avec une certaine ouverture d'esprit et, de ce fait, vous profitez au maximum de la situation.

Si vous vous montrez ouvert(e), curieux (-euse), attentif (-ive), le monde vous offrira la connaissance et la sagesse qui changeront votre vie. Seuls les explorateurs trouveront les voies qui mènent à la meilleure vie qui soit. Le voyage n'est pas nécessairement onéreux, dangereux ou épuisant. Le seul prix à payer est l'engagement.

Citation

« Si vous ne profitez pas de ce que vous avez, comment voulez-vous être heureux avec plus ? »

Proverbe chinois.

Voici quelques suggestions qui vous seront utiles si vous ne savez pas par où commencer :

- Allez au théâtre.
- Visitez un site naturel exceptionnel.
- Interviewez un(e) centenaire.
- Lisez un ouvrage écrit par un auteur inconnu.
- Informez-vous sur des domaines pointus.
- Assistez à une conférence traitant d'un sujet dont vous ignorez tout.
- Échangez avec une personne qui n'a pas les mêmes convictions politiques que vous.
- Demandez conseil à un enfant.
- Allez au zoo et rassemblez le plus d'informations possible sur un animal spécifique.

De telles activités vous permettront de porter un regard différent sur le monde.

Ce que vous devez retenir

→ Votre meilleure ressource, c'est vous.

→ Les véritables trésors sont en vous.

→ Ayez votre propre réseau.

→ Soyez unique.

Chapitre 18

Tirer profit des limites

Dans ce chapitre

- → Qu'est-ce que les limites ont à voir avec la réussite ?
- → Qu'est-ce que le processus d'évolution des limites ?
- → Qu'est-ce que la paralysie des limites ?
- → Qu'est-ce que le paradoxe des limites ?

Les limites sont des éléments que chacun doit prendre en compte pour réussir ce qu'il entreprend. Mais à qui sont-elles destinées ? Il semble que nous ayons tous besoin de limites. Et lorsque nous réussissons à accéder à un certain niveau, nous nous préparons simultanément à relever le(s) défi(s) du niveau supérieur. Les limites sont les lignes à ne pas franchir pour que tout se déroule au mieux sans être dépassé par la situation. Elles peuvent avoir des conséquences positives dès lors que nous parlons d'évolution personnelle.

La plupart des assurances – l'assurance incendie, l'assurance auto, l'assurance habitation... – sont nécessaires, voire indispensables. Toutes ont un dénominateur commun : elles n'ont d'utilité que si un problème ou un accident se produit. En fait, nous investissons de l'argent dans une police d'assurance en espérant que nous n'aurons jamais à en bénéficier.

Citation

« Un voyage de plusieurs milliers de kilomètres commence par un petit pas. »

Proverbe chinois.

Il existe un autre type de police d'assurance appelée « petits pas vers la réussite ». Elle diffère des autres, car vous avez un rôle important à y jouer. Vous êtes alors maître de la situation, et réussir votre vie ne dépend que de vous. Vous vous transformez en un assureur et vous êtes à même de contrôler la situation, vos rêves et votre vie.

Examinons en détail les clauses de cette police d'assurance dont le principe de base est le suivant : chaque étape qui nous rapproche de nos rêves et chaque effort réalisé méritent une récompense.

« Petits pas vers la réussite »

Qui dit assurance dit clauses, bénéficiaires et primes.

Les clauses

Paroles d'un sage

La seule façon de déplacer une montagne est de prendre une pelletée à la fois.

Clause n° 1 : Vivre chaque minute. Profitez du moment présent afin de ne pas passer à côté de ce que vous offre la vie. Celle-ci se construit à chaque minute qui passe. Tout compte : le sourire d'un enfant, le bruit d'un ruisseau, un rayon de soleil, une lueur dans le regard d'un ami... Chaque moment enrichit le présent et a une influence sur l'avenir.

Clause n° 2 : Vivre un jour à la fois. C'est ce qui doit vous permettre d'avancer. La maxime « un jour à la fois » nous encourage à profiter du jour présent sans nous préoccuper des soucis qui pèseront sur nous le lendemain. Chaque jour vécu pleinement contribue à des lendemains meilleurs.

Le fait que les jours se suivent mais ne se ressemblent pas doit nous inciter à vivre au jour le jour. Il suffit de regarder le journal télévisé et de prêter une oreille aux propos tenus par nos collègues pour comprendre qu'un événement peut à tout moment bouleverser le quotidien. Demain, vous n'aurez peut-être plus la possibilité de dire à un proche « Je t'aime » ou « Merci d'avoir changé ma vie ». C'est aujourd'hui que vous devez faire ce que vous avez à faire, car il sera trop tard demain.

Citation

« Ce que je fais aujourd'hui est important car j'y consacre un jour de ma vie. »

Hugh Mulligan.

Clause n° 3 : Vivre l'année en cours. Réfléchir sur les événements qui se sont déroulés au cours de l'année peut nous aider à nous projeter dans un avenir meilleur. Trop souvent, lorsque nous regardons en arrière, nous nous disons : « Et si... ? » ; ou : « Pourquoi n'ai-je pas... ? » Chacune de ces réflexions doit vous aider à vous remettre en question et vous pousser à réagir. Réveillez-vous !

Citation

« Notre passé, tel un tremplin,
doit nous aider à mieux
profiter du temps présent
et nous propulser vers le futur
et non jouer le rôle de boulet
à traîner,
et cela dans tous les domaines
de l'existence humaine. »

Daniel Desbiens.

- **Retrouver de l'énergie.** Les êtres humains puisent leur énergie dans leur tête et dans leur corps. Si la tête et le corps travaillent en symbiose, ils émettent une énergie telle qu'ils peuvent accomplir de nombreux rêves.
- **Réaliser ses rêves et atteindre ses objectifs.** Faites en sorte que les notions et les idées les plus abstraites se concrétisent. En vous engageant à réaliser vos rêves, vous vous engagez à être vous-même. La prochaine fois que vous ferez le point sur les événements d'une année, vous pourrez dire : « Voilà les mesures que j'ai prises et voici ce que j'ai réussi. »
- **Créer quelque chose de nouveau.** Créer permet d'accéder à un état de complétude, de ressentir du plaisir, d'être enthousiaste et de stimuler des qualités insoupçonnées. Créer réveille l'enfant qui est en vous, celui qui s'émerveille et s'enflamme à l'idée d'une nouvelle aventure. Créer quelque chose de nouveau doit faire partie de vos projets.
- **Se remémorer le passé.** L'évocation des aventures passées peut revêtir une grande importance. Certaines expériences ont été agréables, d'autres ont été malheureuses. Cependant, les voies que vous avez empruntées et les terrains que vous avez traversés vous ont permis de tirer des leçons qui, dans le meilleur des cas, vous ont aidé(e) à vous construire.

Les bénéficiaires

Un des avantages de la police d'assurance « petits pas vers la réussite » est qu'elle permet d'avoir deux bénéficiaires : vous et la société.

- **Vous.** Vous êtes le bénéficiaire n° 1, car c'est vous qui agissez afin de changer votre vie. Vous tirez des leçons des bonnes et des mauvaises expériences que vous vivez ainsi que des coups que vous recevez. Plus vous vous investissez, plus vous avez de chances que les résultats soient bénéfiques. Chaque pas vous permet de développer vos compétences et de renforcer la confiance que vous avez en vous : deux facteurs

Citation

« Si vous portez votre
enfance avec vous, vous
ne vieillissez jamais. »

Abraham Sutzkever.

indispensables pour réussir. Chaque victoire vous pousse à aller de l'avant, à faire des pas plus grands, à relever d'autres défis et à vous construire en tant que personne. Avancez !

- **La société.** La société n'existe que parce que des individus mettent leurs talents et leurs compétences en avant. Lorsque les compétences de plusieurs individus s'additionnent pour le bien de chacun, c'est la société dans son ensemble qui en tire des bénéfices. Vous aussi avez quelque chose à offrir à la société, quelque chose dont nous bénéficierons tous. Que la lumière de chacun brille afin qu'ensemble nous illuminions le monde !

> **Citation**
>
> « Tout le monde a du talent. Ce qui est plus rare, c'est d'avoir le courage de développer ce talent. »
>
> Erica Jong.

Les primes

Ni le coût à payer ni les échéances ne sont définis et ces éléments peuvent varier considérablement en fonction du projet en cours. Le coût peut être soit horaire, soit journalier, soit hebdomadaire, soit mensuel, soit annuel ou encore rapporté à l'échelle d'une vie. Quant au règlement, il varie en fonction de la situation et de son ampleur.

La monnaie utilisée – temps, émotions, savoir ou rire – évolue également en fonction du scénario. Le montant peut être minime ou au contraire très élevé.

Le corèglement est un autre facteur qui différencie cette prime de celles auxquelles vous êtes habitué(e). Une grande partie de ce que nous faisons pour réaliser nos rêves implique un corèglement, car en règle générale nous avons besoin des autres pour parvenir à nos fins. Or, lorsque nous sollicitons une tierce personne, elle paie – elle investit en nous. Cette interdépendance constitue une grande source de richesses pour nous et notre société. N'oubliez pas de remercier la (ou les) personne(s) qui, généreusement, a (ont) accepté de payer.

La pointure n'a rien à y voir

Lorsque vous avancez pas à pas vers la réussite, peu importe que vous ayez de grands ou de petits pieds. En effet, les personnes qui chaussent du 46 n'ont pas plus de chances de réussir que celles qui ne font que du 34 ! Ce qui compte, c'est la taille de votre cœur, la puissance de vos rêves, votre motivation et, bien sûr, le chemin que vous êtes prêt(e) à parcourir pour atteindre votre but. Pour que la recette réussisse, il faut que tous les ingrédients soient réunis.

L'évolution des limites

> **Citation**
>
> « Il n'y a qu'une réussite : pouvoir vivre comme on l'entend. »
>
> Christopher Morley.

Imaginons que votre objectif soit de courir le marathon - objectif ambitieux que vous ne pourrez atteindre qu'au prix de litres de sueur versés et de nombreuses ampoules. Avez-vous l'intention de vous inscrire et de vous lancer dans la course sans aucune préparation préalable ? J'en doute. Si tel était le cas, vous n'iriez jamais au bout des 42 km, et vous risqueriez de vous blesser. Pour réussir, vous devez respecter certaines limites, vous devez devenir acteur dans ce processus et suivre une progression. Si vous partez sur les chapeaux de roue, vous ne tiendrez pas la distance.

Voici les étapes à franchir les unes après les autres :

> **Citation**
>
> « Brisez vos limites, laissez tomber les contraintes, mobilisez votre volonté, exigez la liberté comme un droit, soyez ce que vous voulez être. »
>
> Richard Bach.

1. Apprenez à marcher, puis à courir.

2. Faites le tour de votre quartier en courant.

3. Lisez les conseils des spécialistes relatifs à la préparation d'un marathon.

4. Courez 1 km.

5. Courez 5 km.

6. Participez à quelques courses sur route de 10 km.

7. Courez 15 km.

8. Faites un demi-marathon.

9. Investissez dans un bon équipement. Ne lésinez pas sur la dépense.

10. Inscrivez-vous pour courir le marathon que vous avez choisi et continuez à suivre à la lettre les conseils donnés par les spécialistes afin d'avoir la meilleure préparation possible.

11. Courez le marathon, achetez le T-shirt souvenir et dites à toutes les personnes que vous connaissez que vous avez atteint votre but !

Chacune de ces étapes repose sur différentes limites, et chaque étape franchie est un succès : grâce à vos compétences et aux actions entreprises, vous avancez.

Une dose d'inspiration

La gare

« Une vision idyllique est cachée dans notre subconscient. Nous nous voyons en train d'accomplir un grand voyage qui nous mène à travers tout le continent. Nous voyageons en train.

Par la fenêtre, nous voyons les voitures sur l'autoroute, les enfants qui nous font un signe de la main au passage à niveau, un troupeau sur le flanc d'une colline, la fumée qui s'élève au-dessus d'une usine. Les champs de maïs succèdent aux champs de blé, les plaines aux vallées, les montagnes aux collines, les villes aux villages.

Nous pensons à notre destination finale. L'orchestre nous saluera de ses instruments, la foule agitera des drapeaux. C'est là que nos rêves deviendront réalité et que les morceaux de notre vie se mettront en place pour former un gigantesque puzzle. Ne tenant plus en place, nous quittons notre siège et arpentons les couloirs en râlant contre les minutes qui ne passent pas – et nous attendons, nous attendons, nous attendons d'arriver en gare.

Nous arriverons en gare quand...

"Quand j'aurai 18 ans."

"Quand j'achèterai une Mercedes-Benz 450SL."

"Quand mon plus jeune fils entrera à l'université."

"Quand j'aurai fini de rembourser mon emprunt."

"Quand j'aurai obtenu ma promotion."

"Quand j'aurai atteint l'âge de la retraite et que je pourrai enfin vivre heureux."

Tôt ou tard nous comprendrons qu'il n'y a pas de gare, qu'il n'y a pas de destination finale. Ce qui met du bonheur dans nos vies, c'est le voyage en lui-même. La gare n'est qu'un rêve inaccessible. »

Robert J. Hastings.

Si aucune limite n'était définie, vous ne sauriez pas par où commencer, et l'aventure se solderait probablement par un échec. Dans cet exemple comme dans nombre de situations, les étapes se cumulent - la première étape doit être franchie pour pouvoir passer à la suivante et toutes sont indispensables.

Tout est relatif

Dès lors que l'on parle de limites, nous devons tenir compte d'un phénomène important : la relativité. Mais de quoi s'agit-il ? Lorsque vous avez franchi la première étape, vous pouvez vous affronter à la deuxième. Lorsque vous l'avez franchie, vous vous rendez compte que ce qui vous semblait insurmontable était en fait de moindre importance en comparaison avec ce qui vous attend à la troisième étape, et ainsi de suite.

À première vue, vous pourriez rétorquer : « Mais allons-nous réellement de l'avant et progressons-nous véritablement si ce qui nous paraissait énorme devient soudain petit ? » En réalité, avoir conscience de l'importance de chaque limite nécessite de considérer l'évolution globale d'une situation.

Attention à la paralysie des limites

Tout n'est pas toujours rose, et certaines personnes souffrent d'une maladie qui se propage de manière insidieuse : la paralysie des limites. Cette infection attaque l'organe à l'origine de la prise de décision. Les personnes contaminées mettent en place des restrictions et des règles qui les empêchent d'aller au-delà des limites prédéfinies.

Certes, les limites sont importantes, mais elles n'ont d'autre fonction que de nous guider. Si elles nous restreignent, nous serons vite étranglés. Les limites doivent nous permettre d'évoluer et non nous en empêcher.

1. Comment laissez-vous les limites vous paralyser ?

....

....

2. Comment utilisez-vous les limites afin d'évoluer ?

....

....

Le paradoxe des limites

Restrictions, barrières, règles, conseils... tous ces mots appartiennent au champ sémantique du terme « limites » et ont souvent une connotation restrictive.

Or, comment peut-on associer les termes « limites » et « expansion » ou « découvertes » ? C'est ce que l'on appelle le paradoxe des limites. En réalité, tout commence avec un nombre donné de limites. Nous apprenons à réussir sans les franchir. Puis la base s'élargit, nous acquérons de nouvelles compétences et passons dans une autre arène, et ainsi de suite. C'est ce qui nous permet de grandir et d'évoluer. Or plus nous évoluons, plus nous voulons évoluer – c'est ce qu'on appelle l'« effet boule de neige ».

Les êtres humains ont besoin de limites. Le défi qu'ils doivent relever est de savoir comment les utiliser afin que ce ne soient pas les limites qui les utilisent.

Ce que vous devez retenir

→ Les limites vous aident à réussir ce que vous entreprenez.

→ Votre réussite dépend de vous.

→ Pour ne pas souffrir de la paralysie des limites, ouvrez votre esprit.

→ Les limites vous permettent d'évoluer. Ne les laissez pas vous inhiber.

QCM

1 – Quel *locus* de contrôle n'existe pas ?

❑ **A** - le *locus* de contrôle diurne
❑ **B** - le *locus* de contrôle nocturne
❑ **C** - le *locus* de contrôle externe

2 – Quel *locus* de contrôle permet de prendre sa vie en main ?

❑ **A** - le *locus* de contrôle externe
❑ **B** - le *locus* de contrôle interne
❑ **C** - aucun des deux

3 – Qu'est-ce qui peut nuire à la confiance en soi lorsqu'une décision est prise ?

❑ **A** - le doute
❑ **B** - les réactions négatives des autres
❑ **C** - l'immobilisme

4 – En chaque personne se trouve...

❑ **A** - une pierre précieuse
❑ **B** - un pouvoir magique
❑ **C** - un arbre de vie

5 – Quelle qualité permet d'estimer la valeur d'une personne ?

❑ **A** - la pureté
❑ **B** - la taille
❑ **C** - la couleur

6 – Laquelle de ces idées concernant les réseaux est fausse ?

❑ **A** - chacun choisit d'appartenir à tel ou tel réseau
❑ **B** - qui dit « réseau » dit « relations sur le long terme »
❑ **C** - annoncer ses objectifs favorise l'élargissement du réseau

7 – Qui a besoin de limites ?

❑ **A** - les personnes impulsives
❑ **B** - les personnes qui se surestiment
❑ **C** - tout le monde

8 – Quelle clause le contrat d'assurance « Petits pas vers la réussite » comporte-t-il ?

❑ **A** - vivre chaque minute
❑ **B** - vivre dans l'avenir
❑ **C** - vivre plusieurs jours à la fois

Réponses

1:A-2:B-3:A-4:A
5:A,B et C-6:B-7:C
8-A

Nombre de bonnes réponses ❑

Si vous avez au moins 6 bonnes réponses, passez au chapitre suivant, sinon... faites quelques révisons !

Partie 7 La communication : s'arrêter, regarder, écouter, évoluer

Nous communiquons chaque jour avec notre entourage. Mais ces conversations nous satisfont-elles pleinement ? Permettent-elles de véhiculer des idées fondamentales ou ne sont-elles qu'un simple échange de mots futiles ?

Pour communiquer avec les autres il faut d'abord savoir communiquer avec soi-même, ce qui sous-entend apprendre à affirmer ses idées et à avancer. Il devient ensuite possible d'écouter les autres – sans s'arrêter aux mots prononcés mais en allant plus loin afin d'identifier ce qu'ils veulent vraiment dire, puis en posant les bonnes questions, celles qui permettent d'en savoir plus. Une autre forme de communication peut alors entrer en ligne de compte : le toucher.

Chapitre

19

Un peu d'enthousiasme !

Dans ce chapitre

→ Comment s'enthousiasmer

→ Comment utiliser le monologue interne à bon escient

→ Comment tirer profit des affirmations perpétuelles

→ Comment combattre le perfectionnisme

Dans le film *Le Magicien d'Oz* de Victor Fleming (1939), il n'y a pas quatre mais cinq personnages principaux. En effet, on oublie souvent le coq. Lorsqu'il se réveille le matin, cet animal a si peu d'enthousiasme qu'il n'a même pas le courage de lancer son cocorico. En fait, le volatile ne s'enthousiasme pour rien. Dorothy (la jeune orpheline), le lion, l'épouvantail et l'homme de fer-blanc essaient de le convaincre de les accompagner dans le pays d'Oz pour voir le Magicien, mais même ce voyage ne lui dit rien. Désespéré, il demande à ses aînés où il pourrait trouver cet enthousiasme qui lui fait défaut, mais nul ne sait lui répondre.

Le voyage entrepris par Dorothy et ses amis leur permet de faire une découverte à laquelle ils ne s'attendaient pas : le courage, l'intelligence et l'amour sont des qualités qui ne s'acquièrent pas mais qui sont enfouies au plus profond de l'être – ce qui est également vrai pour l'enthousiasme. Forts de cette découverte, ils appellent le coq du pays d'Oz pour lui dire qu'il faut chercher l'enthousiasme en lui. Il est en effet programmé dans le cerveau de tout un chacun, et il suffit d'appuyer sur le bon bouton pour qu'il se mette en route. À partir du moment où le coq se met à suivre les conseils de ses amis, chaque matin ses cocoricos saluent le jour levant.

Ne serait-ce pas merveilleux si les choses étaient aussi simples ? Mais la réalité est plus compliquée. Vous savez que personne ne peut vous rendre enthousiaste, vous seul(e) pouvez le faire. Cela nécessite du travail et sous-entend que vous vous concentriez sur ce en quoi vous croyez.

À garder en mémoire

Trouver l'enthousiasme qui est en soi.

L'enthousiasme a des propriétés incroyables ; vous vous en rendrez compte si vous allez le chercher consciemment au plus profond de votre être. C'est un véritable catalyseur. En fait, l'enthousiasme est l'ingrédient qui permet à une personne de sortir du gouffre de la médiocrité et d'accéder à ce niveau plus élevé de l'existence que l'on appelle « vie optimale ».

Une dose d'inspiration

Si votre travail ne vous enthousiasme plus, il est temps de tirer la sonnette d'alarme. En effet, le manque d'enthousiasme est la preuve que quelque chose ne tourne pas rond. Faites-vous violence et lancez-vous. Dépassez-vous !

L'enthousiasme ne se renouvelle pas tout seul de manière automatique. Il se nourrit de faits et d'efforts nouveaux, ainsi que d'une vision nouvelle. Si vous voulez transformer les heures en minutes, renouvelez votre enthousiasme.

Le monologue interne : écoutez-vous

C'est le matin. Vous prenez une tasse de café ou un verre de jus d'orange et vous allumez votre ordinateur pour lire vos courriels. Le premier message qui s'affiche sur l'écran est : « Quel est votre mot de passe ? » Vous tapez CARPEDIEM. Réfléchissez un instant à ce qui se cache derrière ces neuf lettres. Vous venez de vous dire de profiter du jour présent – et ce CARPEDIEM, ou plutôt *carpe diem*, est le premier message qui s'affiche chaque matin sur l'écran de votre ordinateur. Ce n'est pas anodin. Ce message vous dit de profiter du jour présent, il vous pousse à avoir des pensées positives et à agir.

J'entends déjà vos remarques sceptiques : « Et vous lisez tout ça dans un simple mot de passe ? » Absolument ! Lorsque j'ai commencé à utiliser des outils informatiques et qu'il m'a fallu donner des mots de passe, j'ai tout d'abord eu recours à des clichés, mais au fil du temps ma philosophie a changé. Tous les mots de passe que j'utilise à ce jour sont lourds de sens. Les CARPEDIEM, ALLONSY, BRAVO ou COURAGE m'aident à concentrer mes pensées sur ce qui est important et à agir en conséquence.

Vous pensiez que les mots de passe ne servaient qu'à mettre en route votre ordinateur et autres matériels informatiques ? Vous vous trompiez ! Ils sont là pour vous faire voir les choses sous un angle nouveau et vous aider à aborder la journée de manière positive. Les mots de passe sont en fait de petits mots qui en disent long !

Propos positifs et négatifs

5 413 243 612 000 000 000 000 000 000 000 000 000 000. Que représente ce nombre ? Il correspond au nombre de mots qui traversent la pensée d'une personne en quinze jours. Si le cœur vous en dit vous n'avez qu'à vérifier par vous-même. Bon courage !

Vous ne saviez pas que vous vous disiez autant de choses, n'est-ce pas ? Lorsque vous vous levez le matin, quelle est la première personne à laquelle vous parlez ? Quelle est la dernière personne à laquelle vous parlez avant de vous coucher le soir ? Et à qui parlez-vous le plus souvent entre ces deux moments ? À vous ! Or, lorsqu'on parle de communication, on ne pense pas au monologue intérieur, bien qu'il soit essentiel. En effet, ce sont les mots que vous vous dites à vous-même qui ont le plus d'influence sur vos faits et gestes, car c'est vous qui choisissez les messages qui parviennent jusqu'à votre esprit et à votre cœur.

Citation

« Le matin, j'ouvre les yeux et je me dis : c'est moi qui ai le pouvoir de me rendre heureux ou malheureux, ce ne sont pas les circonstances. C'est à moi de choisir. Hier n'existe plus et demain n'existe pas encore. Seul le jour présent compte et je vais tout faire pour être heureux. »

Groucho Marx.

C'est pourquoi il est important que vous fassiez une distinction entre les propos négatifs et les propos positifs que vous vous tenez à vous-même. Jouez le jeu et répondez avec honnêteté aux questions suivantes :

1. Que dites-vous lorsque vous vous regardez dans un miroir ? (Exemples : « Aujourd'hui, ça va. J'ai une bonne tête » ; ou : « Je fais plus vieux/vieille que mon âge. »)

....

....

2. Que dites-vous lorsque vous devez animer une réunion ? (Exemples : « Je vais captiver mon auditoire » ; ou : « Personne ne va écouter ce que je vais raconter. »)

....

3. Que dites-vous lorsque vous vous rendez à une soirée ? (Exemples : « Tout le monde va apprécier mon sens de l'humour » ; ou : « Personne ne va vouloir discuter avec moi. »)

....

....

> **Citation**
>
> « Tout le monde a quelque chose à offrir. À chacun de découvrir de quoi il s'agit. »
>
> Sheldom Kopp.

Imaginons un continuum avec les propos positifs placés à une extrémité et les propos négatifs à l'autre ; où vous situez-vous ?

Propos positifs <---------------------------------> Propos négatifs

Les expressions que vous utilisez le plus souvent

Quelles sont les expressions que vous utilisez tout au long de la journée ? Que répondez-vous lorsque quelqu'un vous demande : « Comment allez-vous ? »

- « Je survis. »
- « Je ne me plains pas, de toute manière ça ne servirait à rien. »
- « Je vais essayer de tenir jusqu'à vendredi. »
- « Je fais de mon mieux pour tenir le cap. »
- « Je suis en vie, c'est déjà ça. »

> **Citation**
>
> « Lorsque vous espérez que le meilleur se produise, une force magnétique se libère dans votre esprit qui, par la loi de l'attraction, fait que c'est en effet le meilleur qui se produit. »
>
> Norman Vincent Peale.

Quelles autres expressions font partie de votre registre ?

En fait, la réponse que vous donnez le plus souvent constitue le message que vous voulez faire passer non pas aux autres mais à vous-même. Plus vous le répétez, plus vous visualisez la situation correspondante et plus cette situation influence votre vie.

Si vos réponses sont positives, parfait. Retournez à la case départ et empochez votre gain. Si elles sont négatives, essayez de trouver des réponses positives qui pourraient s'y substituer :

- « Je vais bien. »
- « Tout va bien pour moi. »
- « Il n'y a rien à redire. »

Autres propositions :

....

....

....

« Ce n'est pas ma faute, j'ai toujours été comme ça »

Vous faites peut-être partie de ces personnes qui répètent volontiers : « Je suis comme je suis. J'ai toujours été ainsi » ; ou : « On m'a toujours dit que j'étais incapable et que je ne ferais jamais rien de bien. » Si c'est le cas, il convient de bannir ces paroles de votre discours. Bien sûr, tout ce que vous avez vécu jusqu'à ce jour a influencé votre personnalité et je comprends que vous ayez tendance à répéter les messages dont on vous a rebattu les oreilles tout au long de votre enfance et de votre adolescence. Mais vous ne devez pas vous laisser influencer par des programmes négatifs mis en place par autrui lorsque vous étiez jeune.

Paroles d'un sage

Vous êtes né(e) pour réussir et non pour échouer.

Il est temps d'agir et de reprogrammer la machine. À partir d'aujourd'hui, faites de votre vie une aventure riche en événements profitables, qui durera jusqu'à la fin de vos jours. Pour que le voyage soit le plus agréable possible, veillez à n'avoir que des paroles positives à votre égard et à ce que vos actes soient en accord avec ces paroles.

Passez une excellente journée

Il est fréquent de conclure un échange par la phrase : « Passez une bonne journée ! » *A priori*, cette expression semble sympathique. Mais ma préférence va à une autre formule qui implique plus fortement les deux personnes en présence, il s'agit de : « Faites en sorte de passer une bonne journée. » Lorsque vous prononcez cette phrase, vous véhiculez deux messages – l'un à votre interlocuteur et l'autre à vous-même. En effet, à chaque fois que vous l'énoncez, c'est en quelque sorte un message que vous vous adressez à vous-même.

Votre interlocuteur entend la même chose et, dans la mesure où il ne s'agit pas d'une expression courante, ces paroles retiennent son attention, marquent son esprit et le font réfléchir. Cela l'incite à porter un regard différent sur sa journée.

> **Paroles d'un sage**
>
> Les pensées positives sont d'autant plus bénéfiques qu'elles s'accompagnent d'actes positifs.

Le message d'accueil de mon répondeur téléphonique se termine par : « Faites en sorte de passer une excellente journée. » Si les personnes qui m'appellent sont toujours un peu surprises par cette tournure, un quart d'entre elles avouent qu'elle a eu une résonance positive sur leur comportement. Je prononce également cette phrase lorsque je termine une conversation, car j'ai eu plusieurs fois la preuve qu'elle contribuait à changer le cours d'une journée.

Essayez, et voyez si cela marche également pour vous et votre entourage !

Les bienfaits des affirmations perpétuelles

Qu'est-ce qu'une « affirmation perpétuelle » ? Il s'agit d'une intention qui porte sur deux axes : les pensées et les actes.

Les deux axes d'une affirmation perpétuelle :

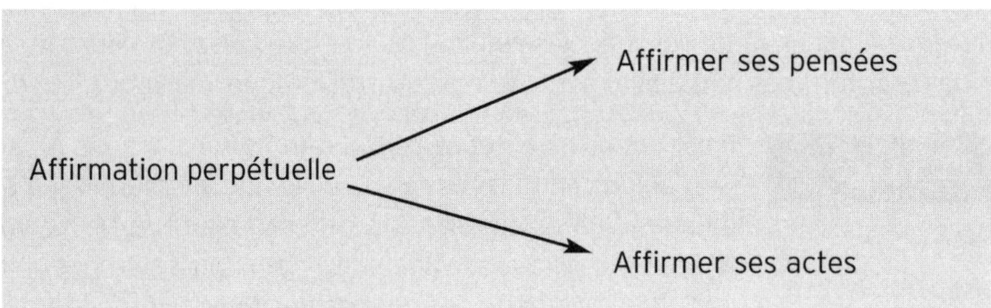

Affirmer ses pensées

Affirmer ses pensées signifie tout simplement se dire à soi-même quelque chose que l'on souhaite voir s'accomplir. La théorie est la suivante : à force de se répéter la même chose, les actions changent afin que les mots deviennent réalité. Par exemple, si jour après jour je me dis que j'ai un don pour l'art, je vais finir par le croire et je vais agir afin de le montrer. Mes actes vont renforcer l'idée que j'ai de mon don.

> **Citation**
>
> « Écrivez dans votre cœur que chaque jour est le plus beau jour de l'année. »
>
> Ralph Waldo Emerson.

La première étape de ce processus est de décider qui vous voulez devenir. En quoi croyez-vous ? Quels sont vos objectifs ? Souvent, les pensées que l'on affirme ont trait à une mission ou à un but que l'on poursuit dans la vie.

Lorsque vous aurez répondu à la question « qui ? », passez à l'étape suivante, à savoir « quand ? ». Engagez-vous à consacrer chaque jour du temps aux affirmations perpétuelles afin que cela devienne une habitude. Les deux moments de la journée qui, à mon sens, sont les plus propices à cette « activité » sont tôt le matin et tard le soir.

Les affirmations du matin

La manière dont vous structurez vos pensées en vous levant a une incidence considérable sur le déroulement de la journée. En vous concentrant sur des pensées et des images positives vous manifestez votre désir que tout se passe bien et, parallèlement, vous mobilisez votre énergie afin que tout se déroule effectivement le mieux possible. Cette démarche vous permet de ne pas vous perdre dans des considérations futiles mais de penser aux choses qui sont vraiment importantes. Cela vous aide également à être mieux préparé(e) à affronter les coups durs que vous réserve la vie.

Il est primordial que vous ayez cette conversation avec vous-même avant d'entreprendre quoi que ce soit. C'est pourquoi je vous déconseille d'allumer la télévision, la radio ou de lire le journal afin de ne pas laisser des éléments extérieurs vous influencer.

Voici un exemple de ce que je lis chaque matin afin d'avoir des pensées et un comportement positifs :

1. Je change ma vie.

2. J'enrichis mon esprit :

- sur le plan intellectuel,
- sur le plan émotionnel.

3. J'enrichis mon âme en me donnant un but dans la vie.

4. J'enrichis mon corps :

- je pratique une activité physique trois fois par semaine ;
- je surveille mon alimentation.

5. Je veux être un bon époux et un bon père :

- je consacre du temps à ma femme ;
- je consacre du temps à mes filles.

6. Je veux être un mentor pour les autres.

7. Je veux servir les autres.

8. Je veux contribuer à l'enrichissement de ma communauté.

9. Je veux être un homme intègre.

Ces affirmations me dictent le comportement à adopter tout au long de la journée et m'aident à me concentrer sur ce qui est réellement important dans ma vie.

Commencer votre journée en ayant des pensées positives qui déboucheront sur des actes ne peut qu'améliorer votre vie. Répétez ce rituel jour après jour afin de donner plus de poids aux messages véhiculés et de vous aider à devenir celui ou celle que vous voulez être.

Passer à l'action

Inventez vos propres affirmations susceptibles de renforcer ce qui fait de vous un être unique.

Une dose d'inspiration

La prière de saint François d'Assise
« Seigneur, fais de moi un instrument de ta paix,
Là où est la haine, que je mette l'amour.
Là où est l'offense, que je mette le pardon.
Là où est la discorde, que je mette l'union.
Là où est l'erreur, que je mette la vérité.
Là où est le doute, que je mette la foi.
Là où est le désespoir, que je mette l'espérance.
Là où sont les ténèbres, que je mette la lumière.
Là où est la tristesse, que je mette la joie.
Ô Seigneur, que je ne cherche pas tant à être consolé qu'à consoler,
à être compris qu'à comprendre,
à être aimé qu'à aimer.
Car c'est en se donnant qu'on reçoit,
c'est en s'oubliant qu'on se retrouve,
c'est en pardonnant qu'on est pardonné,
c'est en mourant qu'on ressuscite à la vie éternelle. »

Les affirmations du soir

Lorsque vous vous allongez dans votre lit, avant de sombrer dans le sommeil, profitez de cet instant de répit qui vous est accordé pour faire le bilan de la journée qui vient de s'écouler. Réfléchissez aux événements positifs qui ont eu lieu. Qu'avez-vous réussi ? Quels ont été les faits les plus marquants ? Que pourriez-vous faire différemment demain ?

Éprouvez-vous de la reconnaissance et, si oui, pour qui ou pour quoi ? Si vous ne savez pas répondre à l'une ou l'autre de ces questions, c'est probablement parce que vous ne faites pas un effort intellectuel suffisant. Dresser le bilan de la journée qui vient de s'écouler apporte une certaine quiétude et favorise une nuit calme et réparatrice. S'il vous reste un peu de courage avant de vous endormir, pensez à une ou deux affirmations que vous pourriez essayer de concrétiser le lendemain.

Un vaccin gagnant

Vous vous demandez peut-être : « Pourquoi insister autant sur les aspects positifs de notre vie ? » La réponse est simple : pour que vous soyez vacciné(e) contre le « syndrome de l'attention mal placée » (ou SAMP), maladie qui touche en priorité les personnes négatives – même si nul n'en est à l'abri.

> **Citation**
>
> « Détourne mon regard des affirmations creuses et fais-moi vivre à la manière qui te plaît. »
>
> La Bible.

Essayez de vous remémorer une journée riche en événements positifs mais qui a été perturbée par un fait négatif. Vous êtes-vous polarisé(e) sur l'événement négatif au détriment des autres ?

La vaccination contre le SAMP diffère des autres vaccinations en ce sens qu'elle ne nécessite pas une seule injection et un ou deux rappels mais une injection quotidienne. Par ailleurs, l'injection n'est pratiquée ni par un médecin ni par une infirmière, mais par vous-même. C'est simple : vous avez tout à y gagner !

Affirmer ses actions

Affirmer ses actions ne requiert pas les mêmes efforts qu'affirmer ses pensées. En effet, si dans le second cas il suffit de se concentrer le matin et le soir, le premier implique un travail continu tout au long de la journée. Facile à mettre en œuvre, ce travail de réflexion peut avoir des répercussions extrêmement bénéfiques sur votre vie. Voici comment procéder. Imaginons la scène suivante : c'est le milieu de la journée et vous êtes sur le point d'avoir une réunion avec votre supérieure hiérarchique au sujet d'un dossier pour lequel vous avez pris nombre d'initiatives. Au terme de votre présentation, il est évident que votre supérieure est satisfaite de votre travail et apprécie vos efforts. À ce stade, il

> **Citation**
>
> « Tout rêve, quel qu'il soit, peut être réalisé. Dans l'audace il y a du génie, du pouvoir et de la magie. »
>
> Johann Wolfgang von Goethe.

est opportun que vous valorisiez mentalement ce que vous avez accompli par une affirmation positive telle que : « Bravo pour ce travail ! Ça valait la peine de faire des efforts ! » Cette affirmation est claire, simple et efficace. Il n'est pas nécessaire de le crier sur les toits, ce qui compte, c'est la reconnaissance personnelle. Votre triomphe vous appartient à vous et à vous seul.

Les affirmations positives sont valables pour les actes de grande et de faible importance, l'essentiel étant que vous reconnaissiez que vous avez bien agi.

Citation

« Faites comme le soleil qui n'attend pas les prières et les incantations pour se lever mais qui brille quoi qu'il se passe, à la joie de tous. N'attendez pas les applaudissements, les acclamations et les louanges pour remplir votre devoir. Faites ce que vous devez faire et, comme le soleil, vous serez aimé de tous. »

Épictète.

Les approximations successives

Citation

« Il vaut mieux viser la perfection et la manquer que viser l'imperfection et l'atteindre. »

Bertrand Russell.

Il y a bien longtemps, alors que j'étais encore étudiant, l'un de mes professeurs de psychologie a abordé le concept des « approximations successives ». J'ai écouté d'une oreille cet homme plein de sagesse, persuadé que ce qu'il nous racontait ne me servirait jamais. Pourtant, ce jour-là, j'aurais mieux fait d'être un peu plus concentré...

Pour simplifier les choses, disons que les approximations successives ont trait au comportement. Si vous voulez que quelqu'un adopte un certain comportement, décomposez-le en plusieurs éléments que nous appellerons les « approximations successives de la tâche ». Lorsque la personne réussit à mettre en place le premier élément, félicitez-la. *Idem* pour le deuxième élément, et ainsi de suite. Le fait de la féliciter pour chaque marche gravie ne peut que l'encourager à poursuivre ses efforts.

Ce mode de fonctionnement est valable tant pour les autres que pour soi. Décomposez la tâche que vous devez accomplir en plusieurs étapes. À chaque fois que vous franchissez une étape, félicitez-vous. Soyez votre propre mentor.

Citation

« La perfection, ce n'est pas de faire quelque chose de grand et de beau, mais de faire ce que l'on fait avec grandeur et beauté. »

Swami Prajñanpada.

Si vous ne savez pas vous féliciter pour avoir franchi une étape, il y a fort à parier que vous visiez la perfection. « Si je ne réussis pas du premier coup, je suis nul(le) ! » Avez-vous déjà tenu ce genre de propos à votre égard ? Si oui, sachez que le perfectionnisme est l'ennemi de l'évolution. Personne n'est parfait et personne ne le sera jamais. Lorsque vous aurez accepté cet état de fait, vous profiterez mieux de la vie.

Paroles d'un sage

La seule chose que vous puissiez faire parfaitement, c'est être imparfait.

Félicitez-vous à chaque fois que vous franchissez un cap et, en progressant par étape, vous vous apercevrez que la tâche qui vous semblait insurmontable est parfaitement gérable et qu'elle peut être menée à bien.

Ce que vous devez retenir

→ Vous êtes responsable de votre propre enthousiasme.

→ Votre système de messages internes fait que vous êtes tel(le) que vous êtes.

→ Affirmez-vous, n'attendez pas que les autres le fassent.

→ Ayez recours aux bienfaits des approximations successives pour évoluer.

Chapitre

20

La mauvaise compréhension

Dans ce chapitre

- → Comment reprogrammer votre cerveau
- → Comment utiliser vos œillères
- → Comment dépasser les conversations futiles
- → Comment poser une question de plus

Certaines sont grandes, d'autres sont pointues, d'autres encore sont poilues ou décollées. Quel que soit leur aspect, tout le monde en a. De quoi s'agit-il ? Des oreilles, bien sûr ! Et quelles que soient leur forme, leur taille ou leur parure, leur rôle est le même : les oreilles servent à écouter. Mais attention ! ce n'est pas parce que nous sommes tous dotés de ces merveilleux mécanismes que nous écoutons réellement ce qu'on nous dit.

Paroles d'un sage

Il suffit de vivre dans le présent pour véritablement écouter.

Écoutez avant de parler

Quand j'étais un petit garçon, ma mère avait l'habitude de me dire : « Mon fils, ce n'est pas entendre qui est difficile, c'est écouter. » Elle avait raison : parfois, le câble qui fait le lien entre la fonction entendre et la fonction écouter est déconnecté. Le son est audible mais il n'est pas compris.

Et il existe un autre type de problème : pour nombre de personnes, le premier son d'un mot parvenant à leur oreille génère deux actions réflexes : la fin de l'écoute et une prise de parole. Les mots prononcés par un autre ont l'effet d'un *stimulus* qui les incite à s'exprimer immédiatement.

Et vous, combien de mots en moyenne parviennent à votre tympan avant que votre bouche se mette à fonctionner ? Deux ? Six ? Quinze ? Plus ce nombre est petit, plus je vous conseille de lire attentivement les remarques qui suivent.

De la même façon, ces remarques peuvent vous être fort utiles si, même en dépit du fait que vous ne coupez pas systématiquement la parole à votre interlocuteur pour donner votre avis, vous le laissez parler sans qu'il y ait une véritable écoute.

Le processus de l'écoute est entravé si vous n'utilisez pas votre matière grise entre le moment où les sons sont captés par vos oreilles et le moment où votre bouche se met en mouvement. Le cerveau joue un rôle essentiel dans le processus de l'écoute. C'est lui qui vous permet de comprendre ce que votre interlocuteur vous dit et qui vous aide à élaborer une réponse en fonction du message reçu.

Passer à l'action

La prochaine fois que vous avez une conversation avec quelqu'un, mettez en pratique les règles suivantes :

1. N'interrompez pas votre interlocuteur.
2. Ne terminez pas ses phrases.
3. Élaborez une réponse.
4. Remuez les lèvres.
5. Répétez les mots dictés par votre cerveau.

Mettre des œillères et se concentrer

Imaginons la scène suivante. Nous sommes en 1997 et Tiger Woods se rapproche du dix-huitième trou, acclamé par une foule de spectateurs venus assister au Masters, l'un des plus grands tournois de golf réunissant les meilleurs joueurs du monde. Il est sur le point de remporter la compétition avec une avance de douze coups sur le deuxième.

Alors qu'il s'apprête à frapper la balle, le silence se fait. Avant de putter, Tiger Woods fléchit les genoux jusqu'à se retrouver presque assis, puis il pose ses mains de part et d'autre de la visière de sa casquette comme s'il se mettait des œillères. Cette position lui permet de ne pas se laisser distraire par ce qui se passe autour de lui et de se concentrer sur sa frappe. Le champion a compris que pour réussir il doit se concentrer, et telle est la technique qui lui semble la plus appropriée. Ce jour-là, le plus jeune joueur à avoir remporté le Masters a révolutionné le monde du golf. Et des golfeurs du monde entier, tous âges confondus, se sont mis à adopter sa technique en se façonnant des œillères.

Citation

« Concentrez toutes vos pensées sur le travail que vous accomplissez. Les rayons du soleil ne brûlent que s'ils sont focalisés. »

Alexander Graham Bell.

Dans le domaine précis de l'écoute, nous avons des leçons à tirer de la technique de concentration de Tiger Woods. Nous devons nous aussi, de manière consciente, nous mettre des œillères afin de pouvoir nous concentrer sur les paroles prononcées par notre interlocuteur. Je ne vous demande pas de fléchir les genoux et de mettre les mains de chaque côté de votre tête (sous peine de voir fuir la personne avec laquelle vous parlez) mais de trouver comment vous concentrer sur ce qui est dit.

Se concentrer exige de fournir un effort conscient car il est facile de disperser son attention. Pour preuve, pensez à toutes les fois où vous avez été la victime d'une personne qui ne parvenait pas à fixer son attention :

- Vous étiez en grande conversation avec une amie, mais quand le téléphone a sonné elle n'a pas hésité à répondre et à bavarder avec son interlocuteur alors que vous attendiez assis(e) à côté d'elle.
- Vous parliez à quelqu'un qui ne cessait de tourner la tête pour voir ce qui se passait à proximité.
- Vous avez expliqué une situation qui vous préoccupait à votre conjoint(e), et la seule réponse que vous avez obtenue, ce sont quelques grognements s'échappant de derrière un magazine.

Qu'avez-vous ressenti ? Je suppose que vous vous êtes senti(e) mal à l'aise et que vous vous êtes dit : « Je ne sers à rien » ; « Personne ne s'intéresse à moi » ; ou : « Je lui fais perdre son temps. » Au contraire ! C'est votre interlocuteur qui aurait dû se sentir mal pour ne pas avoir su vous écouter ni vous respecter.

Paroles d'un sage

Qu'attendez-vous de votre chirurgien sinon qu'il soit compétent ? Une attention totale. Vous ne voulez pas qu'en plein milieu de l'opération il regarde une émission de télévision, mange ou discute au téléphone. C'est exactement ce qu'attend de vous votre interlocuteur : une attention totale.

Pour ne pas devenir comme ces personnes qui n'écoutent pas ce qu'on leur dit, faites un petit travail d'introspection. Lorsque vous êtes avec une personne, lui accordez-vous toute votre attention ? Écoutez-vous vraiment ce qu'elle vous dit ? Les individus qui pensent à autre chose lorsque vous leur parlez ne se disent pas : « Je vais faire exprès de ne pas écouter ce qu'il (ou elle) me dit. » Ils n'ont pas conscience de leur comportement. Vous ne pouvez pas changer leur manière d'être mais vous pouvez changer la vôtre.

Citation

« Lorsque vous cessez d'apprendre, d'écouter, de regarder et de poser des questions que vous n'avez jamais posées, c'est qu'il est temps de mourir. »

Lilian Smith.

Être réellement présent(e)

Il est grand temps que nous nous préoccupions des relations de personne à personne, de cœur à cœur et d'âme à âme. Pour découvrir la personne en face de nous, nous devons apprendre à l'écouter, essayer de comprendre ce qu'elle ressent et nous concentrer sur ce qu'elle dit - en un mot, nous devons être réellement présent(e).

Ne vous limitez pas aux conversations futiles

Pensez à tous ces propos futiles que vous échangez avec la plupart des gens que vous croisez lors d'une soirée. Le scénario est toujours le même : vous parlez du temps, de la santé, du travail, des enfants... Il est temps d'enrichir votre répertoire ! Voici quelques questions qui pourront vous aider à donner une autre tournure aux conversations les plus banales.

- Après avoir demandé à votre interlocuteur où il a passé son enfance, posez-lui la question suivante : « Quel est votre meilleur souvenir ? »
- Après avoir demandé à votre interlocuteur où il a passé ses dernières vacances, continuez : « Si vous deviez passer un an sur une île déserte et que vous n'aviez le droit d'emmener qu'une seule personne avec vous (autre que votre épouse, l'un de vos enfants ou l'un de vos amis), qui choisiriez-vous ? »
- Après avoir demandé à votre interlocuteur quels sont ses projets de vacances, poursuivez : « Quel est selon vous l'endroit le plus propice pour couler des jours paisibles ? »

Ces exemples n'ont d'autre but que de stimuler votre imagination ! À vous de trouver d'autres sujets de conversation. Abordez les soirées sous un autre angle et animez les conversations. Vous passerez pour une personne intéressante aux yeux des autres invités, et ces conversations vous permettront de mieux vous connaître et de mieux connaître les autres. Saisissez chacune de ces opportunités.

Montrez que vous êtes « tout ouïe »

Tous les cours en communication, en socio-psychologie et en compétences relationnelles insistent sur le fait que nous devons montrer à notre interlocuteur que nous l'écoutons à travers nos paroles ou nos sentiments. Notre attitude doit l'amener à conclure : « Il/elle a écouté ce que je lui ai dit. »

> **Citation**
>
> « Il y a des moments où le silence en dit plus qu'un long discours. »
>
> Leroy Brownlow.

La phrase que les spécialistes vous recommandent d'utiliser est : « Je vous ai entendu dire... » Pour ma part, je vous le déconseille vivement : vous risquez en effet d'être accusé de répéter bêtement ce qu'on vous a enseigné, alors que votre objectif est de vous différencier des autres. Je ne peux que vous inciter à trouver par vous-même comment faire comprendre à votre interlocuteur que vous avez écouté son discours avec attention.

> **Paroles d'un sage**
>
> « Quand êtes-vous devenu quelqu'un d'intéressant ?
>
> - Lorsque j'ai commencé à m'intéresser aux autres. »

Trouvez une expression qui vous vienne naturellement, qui corresponde parfaitement à votre personnalité et qui montre que vous avez été attentif (-ive) à ce qui vient d'être dit. Pourquoi ne pas employer des expressions telles que :

- « Donc, tu disais... »
- « Voyons si j'ai bien compris ce que tu veux dire... »
- « Si je comprends bien... »

Qu'avez-vous à proposer ?

- ....
- ....
- ....

Poser une autre question

La plupart du temps, la majorité des personnes suivent le schéma suivant :

- Elles entendent une consigne.

- Elles disent : « D'accord ! »
- Et elles passent à l'action.

Cela vous rappelle quelque chose ? Le problème, c'est qu'en suivant ce schéma vous sautez des étapes essentielles qui peuvent conduire à une mauvaise interprétation, voire à une incompréhension.

Je vous propose donc de vous obliger à suivre la trame ci-dessous :

1. Vous entendez une consigne.
2. Vous montrez que vous avez compris.
3. Vous élaborez rapidement un plan.
4. Vous posez une autre question.
5. Vous dites : « D'accord ! »
6. Vous passez à l'action.

Paroles d'un sage

C'est peut-être parce qu'écouter est si difficile pour les êtres humains qu'ils sont pourvus de deux oreilles !

Qu'est-ce que cela signifie concrètement ?

1. **Entendre une consigne.** Quelqu'un (votre patron, votre conjoint[e], un[e] ami[e], votre enfant) vous demande de faire quelque chose ou vous donne des instructions.
2. **Montrer que vous avez compris.** En appliquant la technique de votre choix, montrez à votre interlocuteur que vous avez compris ce qu'il vous demande ou vous dit.
3. **Élaborer rapidement un plan.** Imaginez le résultat final et les premières mesures à prendre pour accomplir ce que l'on attend de vous.
4. **Poser une autre question.** Il y a de fortes chances pour que le point n° 3 ait semé le doute dans votre esprit. Dissipez-le en demandant des éclaircissements.
5. **Donner votre accord.** Vous pouvez maintenant dire « d'accord » et commencer à faire ce que l'on attend de vous.
6. **Agir.** Profitez-en pour demander à votre interlocuteur : « Il se peut que d'autres questions me viennent à l'esprit. Est-ce que je peux revenir vers vous si besoin est ? »

Citation

« Celui qui a peur de poser des questions a honte d'apprendre. »

Will Durant.

Pourquoi ne posez-vous pas une autre question ?

La réponse à cette question n'est pas simple, même si certaines explications viennent spontanément à l'esprit :

- Le manque de temps.
- La crainte de passer pour un(e) imbécile.
- Le fait de ne pas se sentir prêt(e) à agir.
- La paresse éprouvée à l'idée d'avoir une chose de plus à faire.

Toutes ces fausses excuses sont malheureusement trop souvent entendues. Considérons le problème sous un autre angle.

Pourquoi devez-vous poser une autre question ?

À partir du moment où vous vous interrogez sur les raisons pour lesquelles vous ne posez pas de questions pouvant vous éclairer sur une situation, c'est que vous êtes prêt(e) à aller plus loin dans votre réflexion et à comprendre que questionner n'est pas seulement permis mais nécessaire. Pourquoi devez-vous poser d'autres questions ?

> **Citation**
>
> « Nous sommes tous des sculpteurs et des peintres. Les matériaux que nous utilisons sont notre chair, notre sang et nos os. »
>
> Henry David Thoreau.

- Parce que vous avez plus de chances de mener votre projet à bien du premier coup.
- Pour définir précisément la latitude qui vous est accordée.
- Pour vous assurer que vous avez bien compris ce qu'on attend de vous.
- Parce que vous ne voulez pas passer à côté de ressources précieuses.

Je vous entends déjà vous lamenter : « Consacrer autant de temps à ces différentes étapes m'est impossible ! Je dois tout de suite passer à l'action. » Je suis pourtant intimement persuadé que vous ne pouvez pas sauter l'une ou l'autre de ces étapes. Ce qui peut vous sembler une perte de temps se révélera au contraire être un gain d'énergie par la suite et vous permettra de mieux accomplir votre tâche.

Si vous osez poser une autre question, vous aurez plus de chances de réussir. Or, si vous réussissez ce que vous entreprenez, vous aurez une meilleure opinion de vous-même, vous prendrez confiance en vous, vous entreprendrez des choses nouvelles, vous serez plus assuré(e), et donc vous réussirez plus facilement... Vous avez compris le mécanisme ?

Gardez l'œil !

Cela vous surprendra peut-être, mais sachez que les yeux sont des outils qui jouent un rôle essentiel dans l'écoute : tout d'abord, en regardant votre interlocuteur, vous lui montrez que vous l'écoutez, ensuite, vos yeux vous permettent de faire la relation entre les paroles et les gestes de votre interlocuteur.

1. En regardant la personne qui parle, vous lui montrez que vous l'écoutez, que vous êtes totalement disponible pour elle. Tous les ouvrages sur les techniques de communication insistent sur ce point.

2. Vos yeux vous permettent également de noter les gestes (signaux non verbaux) que fait votre interlocuteur en parlant. Demandez-vous alors si ses gestes sont cohérents avec ses paroles.

L'arbre des décisions

Cohérence ou incohérence dans la communication ?

Le comportement de la personne qui vous parle est-il en accord avec ses paroles ?

→ **Oui** - La communication entre vous n'en est que meilleure.

↓ **Non** - Vos yeux repèrent qu'il y a un problème.

→ Accordez-vous de l'importance à votre relation avec la personne qui parle ou au message qu'elle veut faire passer ?

→ **Oui** - Mettez en place la stratégie suivante : avec tact, faites face à la personne qui parle afin que la compréhension entre vous soit meilleure.

↓ **Non** - Mettez en place la stratégie suivante : ignorez cette divergence et faites ce que vous avez à faire.

Examinons les différents scénarios possibles.

Si la réponse à la question « Les gestes de la personne qui parle sont-ils cohérents avec ses paroles ? » est OUI, tout va bien. Le comportement de votre interlocuteur donne du poids à ses mots, voire au message qu'il souhaite faire passer. Le message vous semble plus clair. Si la réponse à la question est NON, les choses se compliquent. Pour décoder le vrai message, votre tâche sera plus ardue.

Vous avez le choix entre deux approches en fonction de l'importance que vous accordez à votre relation avec votre interlocuteur et au message en lui-même.

- Si ni la relation avec votre interlocuteur ni le message n'ont vraiment d'importance pour vous, ignorez cette divergence et passez à autre chose. Imaginons que vous soyez à la caisse d'un supermarché et que le gérant vous dise avec une tête d'enterrement : « Merci de votre visite et bonne journée », il est manifeste qu'il ne vaut pas la peine de vous acharner à trouver les raisons de son comportement.
- Si la relation et/ou le message ont de l'importance pour vous, il est essentiel de faire face à votre interlocuteur en usant de tact et sans recourir à des menaces. N'oubliez pas qu'une confrontation peut avoir un effet positif. Supposons que vous envisagiez de louer un appartement avec une amie. Vous lui demandez si elle est toujours d'accord et elle vous répond d'une voix suraiguë, les bras croisés sur la poitrine, les jambes serrées et les sourcils froncés : « Oui, bien sûr ! » Vous ne pouvez pas ne pas remarquer la totale opposition entre son attitude et ses paroles. Que faire ? Voici ce qui pourrait marcher : « Tu dis oui, mais j'ai le sentiment que tu as certaines appréhensions ou hésitations à l'idée que nous prenions un appartement ensemble. Est-ce que nous pouvons en discuter ? » Les dés sont sur la table. Vous avez établi le dialogue sans proférer aucune menace. Vous êtes prêt(e) à faire face aux inquiétudes de votre amie tout en préservant votre relation, et surtout vous lui montrez que vous comprenez ce qu'elle ressent.

D'autres options permettent d'amorcer le dialogue différemment - à vous de trouver celle qui convient le mieux à la situation.

En conclusion, vos yeux sont de merveilleux outils de communication et de fins détectives. Ne vous privez pas de ce potentiel !

Autres comportements révélateurs de votre attention

Il existe bien entendu d'autres manières de montrer à une personne que vous l'écoutez. Voici quelques-unes des attitudes les plus parlantes.

- Hochez légèrement la tête. J'insiste sur le « légèrement », sous peine de distraire ou de perturber votre interlocuteur.
- Intervenez de temps à autre en acquiescant ou en prononçant les remarques suggestives suivantes : « Je comprends », « Bien sûr »...
- Selon le discours de votre interlocuteur, souriez, froncez les sourcils, écarquillez les yeux... Le fait que les expressions de votre visage sont en accord avec ses propos est aussi important que les mots que vous pouvez prononcer.
- Penchez-vous légèrement vers votre interlocuteur afin de lui montrer que ce qu'il vous dit vous intéresse. (Attention toutefois à ne pas envahir son espace !)

Comme toujours, agissez avec modération et subtilité.

Une dose d'inspiration

Je préférerais que quelqu'un marche
auprès de moi plutôt qu'il me montre
le chemin.
L'œil est un meilleur élève que l'oreille.
Il est également plus volontaire.
Un conseil est parfois confus,
les exemples sont toujours clairs.
Je pourrais apprendre à faire ce que
vous me demandez si vous me montrez.
Je pourrais voir ce que font vos mains
alors que votre langue va souvent
si vite que je ne peux pas tout entendre.
Quelle que soit la qualité des
enseignements que vous me donnez,
la meilleure leçon est de vous observer.
Je peux mal interpréter ce que vous
me dites, mais je ne pourrai jamais
mal interpréter ce que vous faites
et la manière dont vous vivez.

À garder à portée de main

Dressez la liste de ce qui permet une bonne communication. Je vous donne quelques idées pour vous aider à commencer, à vous de compléter :

- Soyez totalement à l'écoute de vos proches (famille, amis) lorsqu'ils vous parlent.
- Ne vous laissez pas distraire lorsque vous discutez avec quelqu'un. Allez faire un tour avec votre interlocuteur, ne répondez pas au téléphone, ne lisez pas vos courriels, arrangez-vous pour ne pas être dérangé.
- Faites d'une bonne communication avec autrui votre priorité.

Ce que vous devez retenir

→ Savoir écouter ne se fait pas tout seul – relevez ce défi.

→ Concentrez-vous, de quelque manière que ce soit.

→ Impliquez-vous dans la conversation.

→ Posez une autre question – pour une meilleure compréhension.

Chapitre

21

Le contact physique

Dans ce chapitre

- → Pourquoi toucher est si important
- → Un petit geste qui fait beaucoup de bien
- → Trouver le bon dosage
- → Plus de toucher, moins d'auscultation

Réfléchissez à ce que vous avez fait aujourd'hui. Avez-vous passé des coups de téléphone, envoyé des courriels ou des SMS ? Il y a fort à parier que vos réponses soient positives. Mais avez-vous eu une vraie discussion avec une personne en face à face ? Avez-vous eu l'occasion de décrypter des émotions derrière les mots prononcés ? Avez-vous eu un contact physique avec une personne dans le but de lui apporter un peu de réconfort ?

En réalité, bien qu'elles aient démultiplié les occasions de communiquer, les évolutions technologiques récentes présentent l'inconvénient majeur de s'imposer au détriment du contact physique ou du toucher.

Un petit geste qui en dit long

T.O.U.C.H.E.R. Une fois assemblées, ces sept lettres de l'alphabet forment un mot lourd de sens. Toucher n'est pas un acte anodin. Parmi toutes nos capacités sensorielles, le toucher est la plus indispensable à la survie. En effet, la présence de nombreux récepteurs sous la peau permet de différencier un environnement sûr d'un environnement dangereux. Mais le toucher n'est pas seulement un acte physique, c'est également un acte qui agit sur les émotions et les sentiments (douleur, réconfort, tendresse, amour, etc.). Un simple contact de la main traduit ce qu'une personne pense, ressent et veut exprimer.

Citation

« Jadis, la main de l'être humain était à la fois éloquente et constructive. Elle servait à toucher, à caresser, à planter, à récolter, à semer, à nourrir, à apaiser, à porter et à défendre. Aujourd'hui, la main de l'être humain ne sert plus guère à tout cela. Elle sert à appuyer sur des boutons, à tirer des ficelles, à taper sur des touches et à manipuler des commandes. »

John Powell.

Toucher peut guérir

Lorsque vous étiez enfant, que faisiez-vous quand vous vous étiez écorché le genou en tombant de bicyclette ? Vous couriez vers votre mère en quête d'un câlin. Et souvenez-vous de scènes durant lesquelles, alors que vous étiez en pleine détresse, une personne vous a pris la main ou vous a serré(e) dans ses bras. Ces exemples montrent que toucher peut apaiser une douleur, voire guérir. Nombre d'études montrent que le toucher joue un rôle essentiel dans le processus de la guérison.

Paroles d'un sage

Il y a des guérisseurs professionnels, on les appelle docteurs, infirmières, psychiatres, etc. Mais sachez que ce qui guérit le mieux vient de l'intérieur – de l'esprit.

Lorsque mes filles étaient plus jeunes, j'avais l'habitude de les emmener rendre visite à un vieil ami en maison de retraite. J'ai toujours été étonné face au comportement des résidents que nous croisions dans les couloirs. Tous tendaient la main vers nous à la recherche d'un contact physique - poignée de main, étreinte ou main sur l'épaule. Tous avaient besoin de nous toucher. Tous voulaient que nous les touchions. Tous espéraient que nous oserions poser la main sur eux - pour leur donner un peu de chaleur.

Ce besoin de toucher se vérifie avec les personnes célèbres. Dès qu'un chanteur, un acteur ou un homme politique se présente devant un public, tout le monde tend la main dans l'espoir de le toucher. C'est à celui qui sera le mieux placé pour le frôler, le palper ou l'agripper.

Intouchable ?

Personne n'est intouchable. Ni vous, ni moi - personne. Tout le monde a quelque chose à donner. Vous avez beaucoup à offrir. Pour cela, vous devez impérativement identifier vos compétences et vos talents, affirmer votre personnalité et surtout ne pas vous sous-estimer. En touchant un être qui souffre ou qui a de la peine, vous pouvez le soulager, voire le guérir.

Passer à l'action

Allez dans une maison de retraite. Passez du temps avec les résidents : écoutez-les et tendez-leur la main.

Passer à l'action

Faites-vous du bien. Dès aujourd'hui, prenez rendez-vous pour un massage.

Que signifie réellement « guérir » ? Si l'on se fie à la définition du dictionnaire, guérir c'est « délivrer d'un mal physique ou mental ». Qui dit « guérir » dit donc « agir » et « provoquer le changement ». S'asseoir devant votre téléviseur et éprouver de la compassion en regardant des programmes montrant toute la détresse du monde ne sert à rien. Changez de comportement et agissez.

Répondez aux questions suivantes :

1. Où trouver un environnement sûr dans lequel je puisse mettre en pratique le nouveau comportement que j'ai adopté, fondé sur le toucher ?

....

....

2. Quelle technique me semble la plus appropriée ?

....

....

3. Après avoir mis en place ce changement de comportement, quelles questions dois-je me poser pour évaluer l'impact que j'ai eu ?

....

....

4. Quelles réponses puis-je apporter aux questions découlant du point 3 ?

....

....

5. Dois-je adopter une fois encore ce comportement ? Si oui, où et quand ? Sinon, que puis-je essayer à la place ?

....

....

Tout est une question de dosage

Attention ! toucher n'est pas un acte anodin. En effet, on ne touche pas une personne de n'importe quelle manière et dans n'importe quelle circonstance. Lorsque vous touchez quelqu'un, vous devez tenir compte de ses besoins, de ses désirs et de ses sentiments, et pas seulement des vôtres.

Tout ce qui est en rapport avec le toucher est beaucoup plus complexe que ce qu'on peut imaginer. Ce qui me semble insignifiant aura peut-être une importance considérable pour vous, et *vice versa*.

Paroles d'un sage

Pourquoi certains ont-ils plus envie de serrer un arbre dans leurs bras qu'une personne ?

Passer à l'action

Toucher peut avoir une répercussion positive ou négative sur la personnalité. Que pouvez-vous faire pour que toucher ait un impact positif ? Ne vous contentez pas de vous poser la question mais agissez en fonction de la réponse.

Réfléchissez à l'éducation que vous avez reçue et à ce que vos parents vous ont dit quant au fait de toucher une personne. L'un de mes amis vient d'une famille où les contacts physiques sont monnaie courante. Dès que l'on franchit le seuil de sa maison, il nous prend dans ses bras et nous embrasse. Un autre ami a été élevé par des parents peu démonstratifs et je ne l'ai jamais vu étreindre quelqu'un.

Toucher quelqu'un : qu'est-ce que cela signifie pour vous ?

En répondant aux questions ci-dessous, essayez de faire le point sur ce que représente pour vous le fait de toucher quelqu'un.

1. Durant votre enfance et votre adolescence, aviez-vous l'habitude de toucher et/ou d'être touché(e) ?

....

....

2. Cela a-t-il eu des conséquences sur la manière dont vous vous comportez avec autrui ?

....

....

3. Savez-vous quand vous devez ou non toucher une personne ou avez-vous du mal à savoir comment vous comporter ? Que faire pour que les choses changent ?

....

....

4. Si l'on vous demandait ce que veut dire « toucher à bon escient », que répondriez-vous ?

....

....

Poser les limites

Certaines personnes ont besoin de toucher et d'être touchées en raison de leur vécu et de leur personnalité, alors que d'autres fuient tout contact physique. Dans ces conditions, comment oser toucher autrui ? En fait, l'essentiel dans ce domaine est de se respecter soi-même et de respecter les autres.

Paroles d'un sage

Faites-vous honneur en ne laissant personne vous déshonorer.

Se respecter soi-même

Qu'est-ce que cela signifie concrètement ?

- Ne laissez personne vous toucher inopportunément.
- Si une personne vous touche contre votre gré, soyez ferme, direct(e), et montrez clairement que vous n'appréciez pas son comportement.
- Ne laissez pas planer le doute : dites précisément ce que vous n'aimez pas que l'on vous fasse.
- Ne culpabilisez pas lorsque le comportement d'une personne vous déplaît. C'est votre corps, vos sentiments et vos croyances qui sont en jeu.
- Si vous ne savez pas comment dire à une personne que vous n'appréciez pas qu'elle vous touche, demandez conseil à un tiers (ami, collègue ou professionnel).

Respecter les autres

Paroles d'un sage

Pourquoi y a-t-il autant de différences culturelles dès lors qu'il s'agit du toucher ? Les Latins aiment les contacts physiques alors que les Anglo-Saxons ont un mouvement de recul dès qu'on s'approche un peu trop près d'eux...

Plusieurs facteurs sont à prendre en considération dès lors qu'il s'agit de ne pas franchir les limites imposées par les personnes en face de vous. Faites preuve de bon sens et ayez surtout la volonté de ne pas les offenser.

- N'empiétez pas physiquement sur leur territoire.
- Mettez-vous à leur place. Le fait d'être touchées peut faire naître en elles une réaction ou un sentiment totalement différents des vôtres.
- Tenez compte de leurs influences et de leurs habitudes culturelles.
- En cas de doute, n'hésitez pas à leur demander la permission de les toucher : « Je peux vous serrer la main ? » ; « Je peux vous embrasser ? »
- Mieux vaut ne pas en faire assez que trop en faire. Procédez par étapes et assurez-vous que les personnes concernées se sentent en confiance.
- Ne faites jamais aux autres ce que vous n'aimeriez pas qu'ils vous fassent.

Avez-vous votre dose quotidienne ?

Il n'existe pas de normes en la matière. Les besoins en étreinte, en baiser ou en poignée de main diffèrent en fonction des individus. C'est à vous de dire ce dont vous avez besoin. Prenez quelques minutes pour répondre aux questions suivantes :

1. Quel est le type de toucher que j'apprécie le plus ? (Exemples : poignée de main, baiser, étreinte...)

....

....

2. À quel type de toucher ai-je recours pour établir un lien avec les autres ? (Exemple : tendre la main.)

....

....

3. Quel type de toucher est-ce que je demande ? (Exemple : « Embrasse-moi, j'en ai besoin. »)

....

....

4. On me touche trop OUI - NON ; pas assez OUI - NON. (Entourez la bonne réponse.)

En fonction de vos réponses, définissez un seul objectif qui soit réalisable et quantifiable.

1. Objectif :

....

....

2. Mesures à prendre pour atteindre cet objectif :

....

....

3. Récompense (ou comment fêter votre réussite) :

....

....

Être touché(e) peut changer votre vie, de même que le fait de toucher une personne peut changer sa vie. À vous de définir ce dont vous avez besoin.

Ce que vous devez retenir

→ Le contact physique est beaucoup plus efficace que tous les modes de communication dépendant de la technologie.

→ Respectez les autres et respectez-vous.

→ Toucher peut soigner, voire guérir.

→ Évaluez vos besoins quotidiens.

→ Ce qui vous convient ne convient pas forcément aux autres.

QCM

1 – Quel catalyseur permet d'accéder à la « vie optimale » ?

❑ **A** - la communication
❑ **B** - l'enthousiasme
❑ **C** - l'espoir

2 – Quelle phrase, prononcée en fin de conversation, peut avoir une influence positive sur le cours d'une journée ?

❑ **A** - « Passez une bonne journée. »
❑ **B** - « Je vous souhaite une excellente journée. »
❑ **C** - « Faites en sorte de passer une excellente journée. »

3 – Sur quoi les affirmations perpétuelles portent-elles ?

❑ **A** - sur les pensées
❑ **B** - sur les émotions
❑ **C** - sur les actes

4 – Se mettre des œillères permet de...

❑ **A** - se calmer
❑ **B** - se concentrer
❑ **C** - se donner du courage

5 – Que faut-il faire juste après avoir reçu une consigne ?

❑ **A** - agir
❑ **B** - montrer que l'on a compris la consigne
❑ **C** - poser des questions

6 – Comment montrer à une personne qu'on l'écoute ?

❑ **A** - en terminant ses phrases
❑ **B** - en hochant légèrement la tête
❑ **C** - en la regardant

7 – Quel sens a pâti des modes de communication dépendant de la technologie ?

❑ **A** - la vue
❑ **B** - la parole
❑ **C** - le toucher

8 – De quelle dose de toucher a-t-on besoin quotidiennement ?

❑ **A** - 10 minutes
❑ **B** - 20 minutes
❑ **C** - chacun a des besoins différents

Réponses

1 : B - 2 : C - 3 : A et C - 4 : B
5 : B - 6 : B et C - 7 : C - 8 : C

Nombre de bonnes réponses ❑

Si vous avez au moins 6 bonnes réponses, passez au chapitre suivant, sinon... faites quelques révisions !

Partie 8

Le travail d'équipe : deux valent mieux qu'un

Le fait qu'une équipe est efficace ne relève pas de la magie mais de facteurs précis. Pourquoi certaines équipes réussissent-elles là où d'autres échouent ? Dans cette dernière partie, vous découvrirez que vous n'êtes pas systématiquement en opposition avec les autres. Apprendre à collaborer est également une manière d'avoir une meilleure estime de soi.

Chapitre

22

Les équipes qui gagnent

Dans ce chapitre

- → Qu'est-ce que collaborer ?
- → La vulnérabilité : force ou faiblesse ?
- → Pourquoi certaines équipes échouent
- → Et pourquoi d'autres réussissent

Quelqu'un m'a récemment raconté une histoire au sujet d'une compétition de mules. Chaque mule devait tirer un chariot. Celle qui a remporté la victoire a tiré une charge de quatre tonnes, soit seulement quelques kilos de plus que la mule arrivant en deuxième position. Ces animaux ont une force incroyable ! À l'issue de la compétition, un spectateur s'est interrogé : « Je me demande combien de tonnes les deux mules auraient pu tirer si elles avaient été attelées au même chariot. » Curieux, les propriétaires des mules ont décidé de faire le test et, à la surprise générale, les animaux ont réussi à tirer plus de quinze tonnes !

Cette histoire prouve qu'une bonne collaboration peut faire des merveilles. Qu'il s'agisse d'animaux ou d'êtres humains, le fait de conjuguer ses talents permet d'obtenir des résultats nettement supérieurs à la somme des résultats individuels.

Champion ou champions ?

Champion de tennis, d'athlétisme, de skateboard, de marathon... *A priori*, dans ces différentes disciplines, il n'y a qu'un champion. Mais est-ce que remporter une victoire est vraiment une aventure individuelle ?

En réalité, il est rare qu'un exploit soit imputable à une seule personne. Il y a toujours des gens - entraîneurs, parents, professeurs, amis - pour aider les champions. Nul ne peut affirmer avoir réussi - y compris les sportifs pratiquant une discipline individuelle - sans bénéficier d'un soutien.

Ce concept se vérifie sur les terrains de sport, dans les salles de conférences, dans les salles de classe et même chez soi. Ce sont les efforts de tous qui permettent d'accéder à une vie couronnée de succès.

Le facteur de vulnérabilité

La clé du succès, c'est la vulnérabilité. En réalité, la vulnérabilité est une force et je vais vous expliquer pourquoi.

Pour apprendre, il faut se montrer vulnérable, c'est-à-dire admettre certains faits :

- Je ne suis pas parfait(e).
- Je ne sais pas tout.
- Je ne suis pas trop vieux (vieille) pour apprendre des choses nouvelles.
- Je suis suffisamment intelligent(e) pour apprendre des choses nouvelles.
- Ce n'est pas faire preuve de faiblesse que de demander de l'aide.

Mais comprendre que la vulnérabilité est une force ne suffit pas. Vous devez l'utiliser afin d'évoluer et de faire équipe avec une ou plusieurs personnes. Vous changerez, et les autres aussi.

Dans la vie, vous ne pouvez pas montrer constamment votre côté vulnérable, pas plus que vous ne pouvez toujours faire preuve de force et de détermination. Imaginez un continuum permettant d'examiner la vulnérabilité ponctué de quatre points : « faible », « vulnérable », « fort » et « rigide ». Tant que vous évoluez entre « vulnérable » et « fort », vous restez dans un juste milieu, ce qui n'est pas le cas si vous êtes en permanence dans la zone du « faible » ou du « rigide ». C'est le mélange de vulnérabilité et de force qui constitue un ensemble bénéfique.

> **Citation**
>
> « Un groupe se transforme en équipe lorsque chaque membre est suffisamment sûr de lui et de la contribution qu'il peut apporter pour valoriser les compétences des autres membres. »
>
> Norman G. Shidle.

Notre société véhicule constamment des messages pour nous inciter à refouler la partie vulnérable qui se trouve en chacun de nous. « Ne leur montrez pas votre peur » ; « Vous devez résister » ; « Dissimulez vos erreurs »... Bien sûr, vous devez montrer votre force, mais sachez que n'importe quelle force ne permet pas de réussir à tous coups.

Si votre force personnelle s'exprime clairement à travers l'influence, la persuasion et des objectifs partagés avec d'autres personnes, vous favoriserez des relations fondées sur la confiance et bénéfiques à la fois sur le court et sur le long terme.

Évaluez votre degré de vulnérabilité

Pour ce faire, examinez vos forces, vos faiblesses, vos chances et ce qui constitue une menace pour vous. Cette analyse peut vous sembler difficile de prime abord, car vos mécanismes de défense vont entrer en action. Pour empêcher ces défenses naturelles d'interférer, faites preuve d'objectivité et répondez aux questions ci-après :

1. Quelles sont vos forces ?

....

....

2. Quelles sont vos faiblesses ?

....

....

3. Quelles sont vos chances dans la vie ?

....

....

4. Quels sont les éléments qui représentent une menace pour vous ?

....

....

Cette évaluation, qui a fait ses preuves dans le monde du travail depuis des années, peut vous aider sur le plan personnel.

Ce que peut vous apporter cette évaluation

Les avantages sont trop nombreux pour être tous cités. C'est pourquoi je me contenterai de quelques exemples :

- Vous pouvez élaborer un plan de développement personnel.
- Vous pouvez élaborer des plans de carrière.
- Vous pouvez vous entourer de personnes compétentes qui sauront compenser vos points faibles.
- Vous pouvez comprendre le « grand tableau » de votre vie.

Les équipes : le bon, le mauvais et l'efficace

Paroles d'un sage

La somme des intelligences de chacun d'entre nous pris séparément n'équivaut pas à l'intelligence de nous tous réunis.

« Équipes » : tout le monde a ce mot à la bouche. Équipes de management, de recherche, de marketing, de volontaires, de sport, de secours… Les exemples ne manquent pas.

Vous en avez peut-être assez d'en entendre parler constamment, mais les faits sont là : la réussite, qu'elle soit individuelle ou collective, est nécessairement le fruit d'un travail d'équipe. Cependant, même si les équipes contribuent en grande partie à faire qu'un projet aboutisse, cela ne marche pas à tous les coups. Pourquoi ?

Paroles d'un sage

Je peux être amené à faire quelque chose par moi-même mais en aucune façon seul.

Pourquoi certaines équipes ne fonctionnent-elles pas ?

Pour plusieurs raisons :

- Ce n'est pas la bonne équipe qui intervient. Toutes sont différentes et certaines ne conviennent pas dans des cas de figure précis. À vous de choisir la bonne équipe.
- Les individus ont peur de ne plus contrôler la situation s'ils s'assemblent en équipe. Certaines personnes vont jusqu'à

constituer plusieurs équipes, chacune d'elles contrôlant le travail des autres. Conclusion : toutes manquent de liberté, il règne une mauvaise ambiance et les équipiers se mettent à douter les uns des autres.

- Il y a un manque de clarté quant à la définition d'une équipe. Pour qu'une équipe fonctionne, il est essentiel de former ses membres et de clarifier la notion d'équipe.
- Les membres ne respectent pas leurs différences. Il est fréquent d'agir comme si ses coéquipiers étaient identique à soi-même, or cela est dommageable car les bienfaits du travail en équipe et les chances d'évoluer en pâtissent.

Comment les équipes réussissent

Vous pouvez prendre certaines mesures afin que votre équipe réussisse mieux.

- Montrez aux autres membres que vous les respectez et vous constaterez que vos actions auront un effet bénéfique sur chacun d'eux. En effet, vous créerez ainsi un environnement dans lequel tous profitent des dons de chacun et travaillent en parfaite synergie.
- Ayez les mêmes objectifs que vos coéquipiers. Les équipes qui fonctionnent le mieux sont celles dont les membres poursuivent le même but. Cela semble logique : si vous travaillez avec quelqu'un d'autre pour atteindre un objectif commun, vos chances de réussir sont accrues.
- Limitez les influences extérieures interférant avec les compétences des équipiers. Pour qu'une équipe réussisse, le mode d'action, les règles, les objectifs et les actes doivent être définis par chaque membre – et non par une autorité extérieure. Une équipe autogérée est souvent plus efficace.

Paroles d'un sage

Une équipe qui gagne ne s'improvise pas, on la construit.

Dans notre société, les équipes ont plus de chances de réussir que les individus. Pour créer une équipe, il faut faire preuve de patience, respecter les autres membres et s'engager à suivre la même voie.

Où va votre préférence ?

Prenez une minute pour répondre aux questions suivantes :

1. Pensez à une équipe à laquelle vous avez appartenu et qui a enregistré de nombreux succès. Citez trois points qui ont contribué à cette réussite.

a. ....

b. ....

c. ....

2. Pensez à une équipe à laquelle vous avez appartenu et qui a enregistré plus d'échecs que de succès. Citez trois points qui ont contribué à sa faillite.

a. ....

b. ....

c. ....

Avec quelle équipe avez-vous particulièrement apprécié d'avoir collaboré ? Il y a fort à parier que ce soit la première, celle qui a connu le plus de succès...

Des slogans éloquents

Si vous devez inventer un slogan fédérateur pour votre équipe, ne parlez pas à la première personne du singulier mais ayez recours à la première personne du pluriel.

« Unis nous gagnerons, divisés nous perdrons. »

Faites preuve d'imagination et inventez un (ou plusieurs) slogan(s) :

....

....

Les équipes ont fait, font et feront toujours partie de notre culture. Plus vite nous apprendrons à reconnaître la valeur d'une collaboration, plus nous aurons de chances de réussir.

Ce que vous devez retenir

→ La collaboration est un facteur essentiel en termes de réussite individuelle et collective.

→ La vulnérabilité peut être une force.

→ Créer une équipe qui gagne demande du temps, de l'engagement et des compétences.

→ Pour qu'une équipe fonctionne, chaque membre doit apprendre à dire « nous » à la place de « je ».

Chapitre

23

Unir les personnes et les âmes

Dans ce chapitre

- → Que faites-vous réellement dans la vie ?
- → Qu'est-ce que l'autonomisation ?
- → Peut-on fuir ses problèmes ?
- → Comment reprendre le contrôle de sa vie ?

Pour qu'une famille, une communauté et une société réussissent, il faut impérativement qu'il y ait de la réciprocité.

Plus vous développez vos talents et vos compétences, plus vous avez à offrir aux autres et plus vous avez d'influence sur le monde.

Vous avez des obligations, d'une part envers vous-même, et d'autre part envers votre communauté. En tenant compte de ces deux éléments, vous découvrirez des aspects merveilleux de la vie que vous ne soupçonniez pas. Ces expériences rendent l'existence plus palpitante.

La carte de visite de la vie

Les cartes de visite fournissent de nombreuses informations sur un individu : nom, prénom, profession, numéro de téléphone et de portable, adresse électronique – en un mot l'essentiel.

Elles ont pour but de vous présenter, de dire qui vous êtes – commercial, directeur général, comptable, professeur, dentiste... Souvenez-vous du premier poste qui a nécessité que vous ayez vos propres cartes de visite. Vous aviez probablement hâte qu'elles soient imprimées afin de voir votre nom inscrit en toutes lettres au-dessus de votre profession. Posséder ses cartes de visite est souvent source d'émotion, même si ces morceaux de papier ne mettent en lumière qu'un petit aspect de votre personnalité.

Si les cartes de visite professionnelles sont fort utiles, je recommande à chacun d'entre vous de se munir également de cartes de visite moins connues. En fait, selon moi, il n'en existe pas de plus importantes que celles auxquelles je fais allusion et que j'appelle « cartes de visite de la vie ». Assez semblables à des cartes de visites traditionnelles, elles ne se contentent pas de donner un aperçu de votre vie, mais livrent en quelque sorte une recette pour l'améliorer.

Ne vous limitez pas à ce qui est écrit sur votre carte de visite, mais augmentez votre potentiel en essayant de relever des défis. Si les cartes de visite traditionnelles rendent compte de ce qu'est votre vie, les cartes de visite de la vie ont plutôt trait à ce qui pourrait se passer dans l'avenir, les chances d'évolution et la vie que vous pouvez créer de toutes pièces. Voici la carte de visite de la vie que j'utilise à des fins personnelles et qui regroupe nombre de points que j'ai abordés dans les différents chapitres de cet ouvrage. N'hésitez pas à vous l'approprier ou à vous en inspirer.

Carte de visite de la « vie »

Être au service des autres. Ne pas faire preuve d'égoïsme.

Se respecter soi-même. Respecter les enfants, les personnes âgées, la nature, ses voisins et ses collègues.

Aimer les autres d'un amour inconditionnel.

Aborder chaque jour nouveau en se disant « Je peux faire quelque chose pour quelqu'un. »

Accepter d'avoir le choix et choisir.

Rire.

Embellir chaque jour la vie des autres.

Écouter, écouter et écouter encore.

Et au verso :

> Laisser la médiocrité de côté et viser l'excellence.
>
> Rêver.
>
> Définir des objectifs pour chaque jour, pour chaque mois, pour l'année en cours et pour la vie.
>
> Trouver un équilibre entre le corps, l'esprit, l'âme et la communauté.
>
> S'engager à faire en sorte d'être bien physiquement et mentalement.
>
> Prendre le temps, chercher ce qui est merveilleux et vivre chaque instant.
>
> Faire la différence.

Cette carte nous met au défi de nous dépasser et de nous voir dans notre propre réalité.

L'autonomisation

On appelle autonomisation ou *empowerment* (terme anglais utilisé par les spécialistes) le processus d'acquisition du pouvoir par l'individu lui-même tant dans les domaines privé que professionnel ou social.

> **Une dose d'inspiration**
>
> Ce sont les épreuves qui nous révèlent.

Que recouvre ce terme ? Pour l'expliquer, je ferai référence à l'une de mes définitions préférées, empruntée au psychologue et philosophe Peter Koestenbaum, qui s'est inspiré des mathématiciens pour mettre au point la formule suivante :

$$E = D \times A \times S$$

Avec E pour *empowerment*, D pour direction, A pour autonomie et S pour soutien.

J'irai même plus loin (et je demande à Peter Koestenbaum d'excuser mon audace pour avoir quelque peu modifié sa formule) :

$$E = D \times A \times S \times (C + R)$$

Avec C pour confiance et R pour responsabilité.

Vous le savez, il suffit qu'un facteur multiplicateur soit égal à 0 pour que l'*empowerment* (ou autonomisation) soit également nul. L'autonomisation nécessite que vous sachiez où vous allez, c'est là qu'intervient la *direction*. Vous devez également avoir de l'*autonomie*, c'est-à-dire la liberté d'agir. Vous avez besoin de *soutien* – des ressources et des encouragements. Et, pour finir, vous devez disposer de deux éléments indispensables : la *confiance* et la *responsabilité*. Si vous manquez de confiance, tout le processus d'autonomisation s'effondre ; quant à la responsabilité, c'est un facteur essentiel pour qu'une entreprise réussisse.

Paroles d'un sage

Lorsqu'il n'y a plus que votre travail qui compte, une partie de vous disparaît.

Citation

« On n'acquiert tout pouvoir sur les autres qu'en renonçant à tout pouvoir sur soi-même. »

Francis Bacon.

Lorsque Peter Koestenbaum a élaboré sa formule, il avait en tête l'organisation du travail en entreprise. Or cette formule est également valable pour le développement personnel, qui est le niveau le plus élevé de l'autonomisation.

1. Que pourriez-vous faire afin d'accéder à l'autonomisation ?

....

2. Qu'est-ce que cela implique ?

....

3. Quand pensez-vous pouvoir agir ?

....

4. Comment pourrez-vous estimer avoir atteint votre objectif ?

....

5. Qui pourrait vous aider dans votre action ?

....

....

À présent que tous les ingrédients sont réunis, pourquoi ne pas vous jeter à l'eau ?

Paroles d'un sage

La vie est trop courte... ou trop longue. À vous de choisir.

La fuite est une illusion

Harry Houdini (1874-1926), grand prestidigitateur américain, était notamment capable de se libérer de ses chaînes et de sortir de malles cadenassées et remplies d'eau.

Avez-vous déjà joué les Houdini et tenté de fuir les aléas de la vie ? Si oui, il est probable que votre mode d'action ait été quelque peu différent de celui du prestidigitateur. N'avez-vous jamais cherché à fuir avec :

- L'alcool – « Ce qu'il me faut c'est un petit verre » ?
- Des médicaments ou autres substances – « Ce produit me fait tout oublier » ?
- Un déménagement – « Je plie bagage. Je dois absolument quitter cette ville » ?

Changer de cadre de vie ou tomber temporairement dans l'oubli ne font que masquer la réalité. Aucune fuite n'est possible car, où que nous soyons et quoi que nous fassions, nous sommes toujours confronté à nous-même. Même si je déménage, je serai toujours « avec » moi. Je peux avaler une bouteille de whisky, je serai toujours « avec » moi. Je peux prendre une drogue, je serai toujours « avec » moi.

Aucune fuite n'est possible avec la réalité ; contrairement à ce que vous pouvez croire, c'est une bonne nouvelle. Le défi que vous devez relever est de vivre des expériences desquelles vous tirerez des leçons au lieu de fuir. Si vous vivez en refusant de regarder les choses en face, vous passerez à côté de toutes les opportunités qui pourraient transformer une vie difficile en une vie heureuse et épanouie. Fuir, c'est rester dans le passé et ne pas vouloir regarder vers l'avenir ; pour vivre heureux, il faut tirer les leçons du passé afin que le futur soit le meilleur possible.

Aujourd'hui est LE jour

Aujourd'hui est LE jour… pour vivre et aimer vivre ! Si vous attendez constamment le jour suivant, vous ne profitez pas pleinement de ce qui s'offre à vous. La vision de demain et le souvenir d'hier ne sont rien s'il n'y a pas d'aujourd'hui. Pour être heureux aujourd'hui, il faut s'appuyer sur les souvenirs d'hier et avoir des rêves pour demain.

Aujourd'hui est LE jour où vous pouvez avoir une influence sur votre vie et sur celle des autres. C'est aujourd'hui que vous pouvez dépasser la médiocrité et escalader des montagnes pour arriver au sommet et connaître la réussite. Le fait de progresser et d'atteindre votre but dépend de vous. Vous avez des compétences et des talents, mettez-les à profit !

Redevenir maître de sa vie

Avez-vous déjà eu le sentiment d'être enchaîné(e) par les attentes des autres ? de devoir vous conformer aux obligations imposées par la société ? d'être limité(e) par des règlements créés de toutes pièces ? d'être épuisé(e) à force de poursuivre des buts non réalistes ?

Les limites entre la réalité et la non-réalité sont trop souvent floues. Notre vision est perturbée par des voix extérieures qui pénètrent insidieusement dans nos vies et qui nous poussent à agir d'une certaine manière, alors que nos pensées, nos sentiments et nos croyances nous encouragent à suivre une autre voie.

À garder en mémoire

Vivre pleinement le jour présent.

Passer à l'action

Revenez en arrière et identifiez une action que vous n'avez pas mise en pratique. Changer sa vie est un processus qui nécessite d'être actif. La passivité conduit à l'échec.

Il est temps de reprendre les choses en main, de contrôler votre existence, d'écouter non plus ce que vous disent les voix extérieures mais ce que vous dictent les voix qui sont en vous, d'identifier ce que vous ressentez au plus profond de votre être et d'accepter la vie telle qu'elle est. N'écoutez pas les autres, mais écoutez-vous, car vous êtes la personne ayant toute autorité sur votre être. Vous seul(e) devez décider où aller.

Bien entendu, vous n'êtes pas seul(e) au monde, et pour réussir et atteindre votre but vous devez compter sur les autres. Mais cela ne signifie pas faire abstraction de soi et laisser autrui diriger sa vie.

Vous êtes un être unique et, de ce fait, vous pouvez laisser une empreinte indélébile sur la vie d'un grand nombre d'individus.

Ne gâchez pas ce qui fait de vous cet être unique. Vous avez des talents et des compétences que vous devez développer. Ne dites plus : « Je serai comme les autres veulent que je sois. » Vous aurez alors plus d'entrain et d'énergie ; vous porterez un regard nouveau sur le monde et sur vous-même.

La vie doit être vécue et aimée. Ne la laissez pas vous échapper.

Citation

« Il ne faut pas empiéter sur l'avenir en demandant avant le temps ce qui ne peut venir qu'avec le temps. »

Arthur Schopenhauer.

Ce que vous devez retenir

- → Rédigez dès aujourd'hui votre carte de visite de la vie.
- → Le seul horizon que vous puissiez changer, c'est votre esprit.
- → Profitez du jour présent.
- → Découvrez ce qui fait de vous un être unique et reprenez le contrôle de votre vie.

Chapitre

24

Une réussite illimitée

Dans ce chapitre

- → Supprimer le sentiment d'infériorité
- → Faut-il vraiment échouer pour réussir ?
- → Êtes-vous un moteur ou un frein ?
- → Comment devenir un mentor

L'intruse arrive, prête à passer à l'action. On la connaît sous différents noms, le plus courant étant « infériorité ». En réalité, la porte avait été laissée ouverte et l'infériorité n'a eu qu'à entrer. Alors elle s'impose et on ne fait rien pour la tenir à l'écart, par manque de courage.

Certes, elle est prête à passer à l'action, mais elle ne peut agir sans nous. C'est nous qui lui fournissons le carburant qui lui confère son énergie et sa forme.

Mais pourquoi allons-nous dans son sens ?

Nous agissons généralement de manière inconsciente. Nous nous laissons gouverner par les voix négatives du passé qui contrôlent nos pensées, nos émotions et nos comportements, et nous nous persuadons que nous ne sommes bons à rien.

Se débarrasser de l'intruse

Personne n'a le droit de décréter qu'un être humain est inférieur à un autre. Aucune personne n'est inférieure à une autre. Bien sûr, il y a des domaines où nous sommes aussi bons que d'autres, et des domaines où nous sommes moins bons ou, au contraire, meilleurs. Mais ce n'est pas parce que nous ne parvenons pas à accomplir quelque chose aussi bien qu'une autre personne que nous sommes inférieur à elle.

Reconnaissons les talents qui sont les nôtres et ne laissons pas l'infériorité entrer dans nos vies – et encore moins prendre le dessus sur nous. L'infériorité doit être la créature à abattre.

L'échec peut être un atout

Quelque chose différencie chacune des personnes qui échouent : ce sont les leçons qu'elles tirent de leurs échecs.

Que faites-vous lorsque vous essuyez un échec ?

- Vous vous laissez totalement démoraliser.
- Vous laissez les échecs détruire l'estime que vous avez de vous-même.
- Vous vous cachez derrière ces échecs parce que vous ne vous sentez pas capable d'assumer une réussite.
- Vous profitez de ces échecs pour ne pas agir.

Les personnes qui réussissent utilisent les échecs comme un tremplin pour progresser. Inventeurs, poètes, scientifiques, peintres, juristes, joueurs de golf... – tous ceux qui réussissent savent que les échecs sont des phases obligées. Ils ont compris que lorsqu'ils essaient quelque chose de nouveau, ils ne peuvent pas passer directement de l'étape n° 1 à l'étape n° 5. Si vous refusez de franchir les étapes intermédiaires, il y a peu de chances que vous parveniez à votre but, et vous risquez de capituler. Pourquoi ne pas opter pour une autre approche et utiliser les échecs comme marchepieds ? Même si cela est difficile, dites-vous que les échecs font partie de la réussite.

Citation

« À mon sens, le succès ne peut être atteint qu'après une succession d'échecs et d'introspections. »

Soichiro Honda.

Avant de réussir, vous allez nécessairement échouer, mais tout n'est pas perdu. Ne confondez pas un essai et l'objectif final. Ne négligez pas les succès, aussi petits soient-ils, car ce sont eux qui vous permettent d'évoluer.

Le cycle vertueux

L'estime de soi engendre la réussite qui engendre l'estime de soi qui engendre la réussite qui… vous devinez la suite !

Pour évoluer, vous devez impérativement entrer dans ce cycle. À vous de décider quand vous serez réellement prêt(e) à réussir. Pour cela, il faut vous fixer des objectifs réalistes et définir des critères précis.

Lorsque vous réussissez, vous vous sentez mieux, vous prenez confiance en vous et vous êtes prêt(e) à relever le défi suivant. Et le cycle continue.

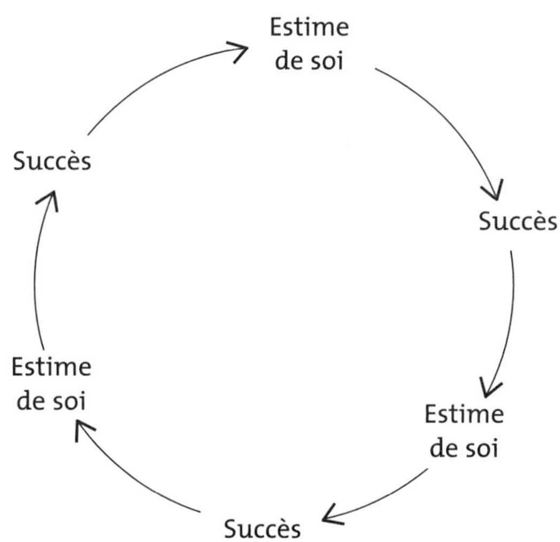

N'oubliez pas que tout succès s'accompagne de tentatives non abouties. Apprenez à tirer des leçons de chacun de ces échecs qui vous mèneront au succès. Le simple fait de reconnaître que les échecs font partie du processus vous évitera de régresser.

Le prix de la réussite

La réussite a un coût qui n'est pas nécessairement financier. Voici le prix à payer :

- Engagement
- Dévouement
- Passion
- Préparation
- Désir
- Travail ardu
- Efforts

La soumission ne conduit pas à la réussite. Soyez prêt(e) à payer le prix fort, c'est-à-dire à vous investir et à affronter, à franchir ou à contourner les obstacles.

La majorité des individus croient en ce qu'ils font. Lorsque vous combinez tous ces composés, rien n'échappe à votre contrôle. Il n'y a plus aucune limite.

Citation

« N'essayez pas de devenir quelqu'un qui a du succès mais essayez d'être quelqu'un qui a de la valeur. »

Albert Einstein.

Des changements dynamiques

Il suffit d'une personne pour que toute une équipe change. Un seul individu peut être un moteur ou un frein. Par ailleurs, la dynamique d'une équipe change selon qu'il y a une personne en plus ou en moins. Qui êtes-vous : moteur ou frein ?

- **Un moteur pousse vers l'avant**, entraîne les autres, donne de l'énergie.
- **Un frein** empêche d'avancer, gêne toute progression, épuise l'énergie du groupe.

Selon moi, votre position sur un continuum dont une extrémité est le moteur et l'autre extrémité est le frein diffère selon l'organisation pour laquelle vous travaillez.

Quelles sont les raisons qui font que vous êtes un frein ?

- Vous ne voulez pas vraiment faire partie de l'équipe.
- Vous n'appréciez pas la manière dont les choses se déroulent.

- Vous ne pouvez pas agir comme vous le souhaitez.
- Vous n'êtes pas enthousiasmé(e) par les objectifs poursuivis.
- Vous ne parvenez pas à tisser des liens avec les autres membres du groupe.
- Vous êtes tout simplement différent(e) des autres.

Comment faire pour que la situation évolue ? Changez votre mentalité. Impliquez-vous davantage et abordez les choses sous un angle nouveau. Si cela n'est pas possible, quittez le groupe.

Quelles sont les raisons qui font que vous êtes un moteur ?

- Vous vous passionnez pour la mission et les objectifs définis par l'équipe.
- Vous vous impliquez le plus possible.
- Vous croyez en ce que vous faites.
- Vous appréciez les personnes qui travaillent avec vous.
- Vous avez vraiment le sentiment d'apporter votre contribution au projet.

Il faut cependant se méfier des moteurs qui peuvent s'emballer. N'agissez pas sur un coup de tête mais choisissez soigneusement l'équipe au sein de laquelle vous êtes prêt(e) à donner de votre temps et de votre énergie. Si vous devez toujours veiller à ne pas être un frein, vous avez le droit de ne pas toujours être un moteur.

Je le dis et je le répète : une seule personne peut changer une équipe.

Citation

« Il semble y avoir une relation entre la réussite et l'action. Les personnes qui réussissent agissent. Elles font des erreurs mais n'abandonnent jamais. »

Conrad Hilton.

Identifiez trois groupes dont vous faites partie (la famille étant considérée comme un groupe). Situez-vous sur le continuum : plutôt moteur, plutôt frein ou quelque part entre les deux ? Si vous êtes plutôt moteur, félicitez-vous. Et à vous de faire en sorte que la situation perdure ! Si, au contraire, vous êtes plutôt frein ou du moins si vous estimez que votre contribution est mince, prenez des mesures. Vous avez le choix entre devenir plus actif (-ive) ou quitter le groupe ! (Vos actes doivent être en accord avec vos paroles et vos croyances.)

Groupe n° 1

....

Moteur, frein ou autre :

....

Action positive :

....

....

....

Groupe n° 2

....

Moteur, frein ou autre :

....

Action positive :

....

....

....

Groupe n° 3

....

Moteur, frein ou autre :

....

Action positive :

....

....

....

Sur le banc de touche ou sur le terrain

Dans une équipe, chaque membre est important. Certains sont si souvent sous les projecteurs qu'ils finissent par voir des étoiles, quand d'autres passent tellement de temps sur le banc de touche qu'ils semblent faire partie du décor. Mais tous ont un rôle essentiel à jouer.

À l'université, je faisais partie de l'équipe de football ; plus exactement j'étais membre de l'équipe de football. J'étais l'un des joueurs habitués à rester sur le banc de touche. J'étais au plus bas de l'échelle, néanmoins je restais dans l'équipe, car je savais que ma contribution n'était pas insignifiante. Certes, je ne faisais pas de prouesses sur le terrain, mais mon attitude et mon implication au sein de l'équipe ne passaient pas inaperçues. Par ailleurs, je ne me sentais nullement lésé, car les autres joueurs me donnaient beaucoup en retour.

> **Citation**
>
> « Aie suffisamment de courage pour accepter l'aide des autres. »
>
> Melba Cosgrove.

Tout le monde ne peut pas être une star, mais tout le monde peut être un supporter.

Je n'aurais jamais pu faire ça

Lorsque nous entendons parler des prouesses réalisées par des sportifs, des inventeurs ou des écrivains, nous nous disons souvent : « Je n'aurais jamais pu faire ça ! » Nous avons même tendance à penser que les stars et les personnages influents n'ont rien à voir avec nous, qu'ils viennent d'une autre ville, qu'ils ont fréquenté une autre école ou qu'ils travaillent dans une autre entreprise. Pourtant, ce sont des gens comme vous et moi, ni plus ni moins.

Vous aussi pourriez connaître la réussite. Fixez-vous un objectif et mettez tout en œuvre pour parvenir à vos fins. Même si la foule ne se lève pas pour vous ovationner, vous éprouverez ce que les plus grands ressentent lorsqu'ils réussissent à atteindre leur objectif.

Pour connaître le succès, vous devez :

- Vivre votre passion.
- Croire en vous.
- Prendre les mesures adéquates afin d'atteindre vos objectifs.
- Ne pas hésiter à demander de l'aide.

- Ne pas minimiser ni passer sous silence ce que vous réussissez (ce qui est plus important encore que la reconnaissance des autres).

Contribuer au succès des autres

Pourquoi ne pas contribuer au succès des autres ? En effet, le plus beau des cadeaux que vous puissiez faire à une personne est de la soutenir afin qu'elle parvienne à atteindre l'objectif qu'elle s'est fixé. Pour cela, nombre de méthodes s'offrent à vous.

Vous pouvez venir en aide à une personne - membre de votre famille, ami, collègue, équipier - afin qu'elle réussisse. Le simple fait de croire en elle peut lui être d'un grand secours. Le plus petit de vos efforts sera lourd de conséquence.

Personne ne réussit toujours tout ce qu'il entreprend seul. Nous avons tous besoin d'autrui à un moment ou à un autre. Quelque part, il y a donc quelqu'un qui a besoin de vous !

Ce qui est merveilleux, c'est qu'il y a deux gagnants lorsque vous venez en aide à une personne : vous et elle.

Une dose d'inspiration

RÉUSSITE

« Rire souvent et beaucoup ;
Gagner le respect des gens intelligents
Et l'affection des enfants ;
Obtenir l'approbation de critiques
honnêtes
Et supporter la trahison d'amis
peu sincères ;
Apprécier la beauté
Et voir ce qu'il y a de meilleur
dans les autres ;
Donner de soi-même sans rien attendre
en retour ;
Améliorer un peu le monde, que ce soit
par la grâce d'un enfant en bonne santé,
d'une âme sauvée,
d'un carré de jardin ou d'une progression
sociale ;
Avoir ri avec enthousiasme et chanté
de tout son cœur ;
Savoir qu'un seul être a mieux respiré
parce que vous avez vécu.
C'est cela la réussite. »

Ralph Waldo Emerson.

Récolter les fruits de la réussite

Pour ce qui est de la réussite, l'élément essentiel, c'est vous ! Dévoilez votre potentiel, donnez libre cours à vos talents, à vos compétences et à vos aptitudes. Vous avez tout à y gagner.

Contrairement à ce que l'exemple de certaines célébrités peut vous laisser croire, les plus grandes récompenses ne sont pas tangibles.

Ce que vous devez retenir

→ L'infériorité est une intruse dont il faut se débarrasser.

→ Il suffit d'une personne pour changer toute une équipe.

→ Une équipe peut accomplir des miracles.

→ Vous pouvez contribuer à la réussite des autres.

→ Les récompenses non tangibles sont les plus grandes.

Index

T

U

V

Z

Notes personnelles

Notes personnelles

DIPLÔME

SECTION « CONFIANCE EN SOI »

La Marabout Académie

décerne à ....

le diplôme de fin de lecture au titre de sa persévérance et de sa réelle volonté à acquérir confiance en lui (ou en elle), à se respecter et à s'accepter.

Fait à Paris, le ....

Le doyen de la Marabout Académie

Imprimé en Italie par Europrinting S.p.A.
ISBN : 978-2-501-05749-3
Dépôt légal : février 2009
Édition 01
40 4584 5